Der Weg in die Teilzeitgesellschaft

ISBN 3-87061-644-X

Dr. Gerhard Kilz/Dr. Dirk A. Reh

Der Weg in die Teilzeitgesellschaft

Neue Herausforderungen für Staat und Wirtschaft

BERLIN VERLAG
Arno Spitz GmbH

Die Deutsche Bibliothek – CIP-Einheitsaufnahme

Kilz, Gerhard:
Der Weg in die Teilzeitgesellschaft : Neue Herausforderungen für Staat
und Wirtschaft / Gerhard Kilz/Dirk A. Reh. - Berlin : Berlin Verl. Spitz,
1997
   (Prax oec : Handbücher)
   ISBN 3-87061-644-X
NE: Reh, Dirk A.:

© 1997

BERLIN VERLAG Arno Spitz GmbH
Pacelliallee 5 · 14195 Berlin

Vorbemerkung

Bei einer Betrachtung der aktuellen Entwicklungen auf dem Arbeitsmarkt ist die sich sukzessive abzeichnende Tendenz von Arbeitszeitverkürzungen ohne entsprechenden Lohnausgleich (= Teilzeit) auffällig. Ein wesentlicher Auslöser hierfür ist die hohe, sich zunehmend verfestigende Arbeitslosigkeit in Deutschland, die die Forderung nach einer Umverteilung des Faktors Arbeit forciert hat. Hinzu treten die vermehrt artikulierten Teilzeitwünsche bei den Beschäftigten. Insgesamt verdeutlicht sich also die Tendenz zu einer Teilzeitgesellschaft, die in ihren unmittelbaren wie mittelbaren Folgewirkungen die traditionellen Beziehungen in Frage stellt und neu strukturiert. Das Anliegen der vorliegenden Abhandlung ist eine nähere Analyse dieses Teilzeittrends und der hieraus resultierenden Effekte auf die beteiligten Akteure und Entscheidungsträger.

Zu diesem Zweck werden nicht nur die spezifischen arbeitsorganisatorischen, rechtlichen und ökonomischen Fragestellungen angesprochen, sondern weitergehend auch die allgemeinen politischen sowie sozio-kulturellen Rahmenbedingungen. Schließlich erfolgt zum Schluß eine Deskription der Grundstrukturen einer künftigen Teilzeitgesellschaft und der damit einhergehenden Chancen für zusätzliche Wohlfahrtssteigerungen und der spiegelbildlichen Risiken, die mit jedem komplexen Innovationssprung verbunden sind. Das Buch verfolgt insgesamt also zwei Absichten. Zunächst soll es eine praktikable Hilfestellung für den Ausbau der Teilzeitquoten bei Frauen wie bei Männern bieten, indem die relevanten Entscheidungsaspekte erläutert und diskutiert werden. Darauf aufbauend wird ferner die Vision einer erst in Ansätzen erkennbaren Teilzeitgesellschaft beschrieben, die auf der ökonomischen, sozialen und politischen Ebene einen radikalen Paradigmenwechsel bewirkt.

Die Verfasser hoffen, daß sie mit ihren Ausführungen auf das Interesse der Leser stoßen und ihnen zudem nützliche Anregungen bieten können.

Paderborn/Bad Emstal, im November 1996   Die Verfasser

Inhaltsübersicht

Inhaltsverzeichnis

Abkürzungsverzeichnis

Abs.	Absatz
AFG	Arbeitsförderungsgesetz
AG	Aktiengesellschaft
AZG	Arbeitszeitgesetz
BAG	Bundesarbeitsgericht
BeschFG	Beschäftigungsförderungsgesetz
BGB	Bürgerliches Gesetzbuch
BMJFG	Bundesministerium für Jugend, Frauen und Gesundheit
bzw.	beziehungsweise
d. h.	das heißt
DB	Der Betrieb
DM	Deutsche Mark
e. V.	eingetragener Verein
EDV	Elektronische Datenverarbeitung
Einl.	Einleitung
EU	Europäische Union
f.	folgende (Seite)
ff.	fortfolgende (Seiten)
ggf.	gegebenenfalls
GK-TzA	Gemeinschaftskommentar Teilzeitarbeit
HB	Handelsblatt
HRM	Human Resource Management
Hrsg.	Herausgeber
i.d.R.	in der Regel
i.e.S.	im engeren Sinne
i.H.v.	in Höhe von
i.S.d.	im Sinne des (der)
i.S.v.	im Sinne von
i.V.m.	in Verbindung mit
IG	Industriegewerkschaft
IHK	Industrie- und Handelskammer
ISDN	Integrated Services Digital Network
IuK-Techniken	Informations- und Kommunikations-Techniken
KAPOVAZ	Kapazitätsorientierte variable Arbeitszeit
KVP	Kontinuierlicher Verbesserungsprozeß
MBA	Master of Business Administration
Nr.	Nummer
NZA	Neue Zeitschrift für Arbeits- und Sozialrecht
PC	Personal Computer
Pkw	Personenkraftwagen
Rz.	Randzeichen
S.	Seite

sog.	sogenannte(n),(s)
TV	Television
u.	und
u. a.	unter anderem
u. U.	unter Umständen
v.	vom
vgl.	vergleiche
VW-AG (VAG)	Volkswagen-Aktiengesellschaft
z. B.	zum Beispiel
z. T.	zum Teil

Teil 1: Die gegenwärtige Teilzeitdiskussion in Deutschland

A. Ausgangslage

Die Teilzeitarbeit existiert als Arbeitszeitform in Deutschland eigentlich schon immer, wobei ihr aber ursprünglich hinsichtlich ihrer quantitativen wie qualitativen Verbreitung eher eine marginale Bedeutung zukam bzw. noch zukommt. Im Vergleich zu anderen Ländern ist insgesamt die geringe Teilzeitquote bei den bestehenden Arbeitsplätzen auffällig, wodurch das noch vorhandene Entwicklungspotential deutlich zum Ausdruck kommt (Matthies u. a. 1994, S. 144). Deutlich wird dies auch an der geringen Zahl von männlichen Teilzeitbeschäftigten (Stand 1990: 2,4 Prozent), die innerhalb der Arbeitsbeziehungen eine krasse Außenseiterrolle aufweisen. Die Teilzeitarbeit ist daher als eine Domäne für weibliche Mitarbeiter zu bewerten. Des weiteren liegt in qualitativer Hinsicht die Hauptverbreitung im Bereich der einfachen Dienstleistungen (Schreibarbeiten, Reinigungstätigkeiten) und des Einzelhandels, wobei hier überwiegend die klassische Halbtagstätigkeit dominiert. Ferner haben auch Volumenvarianten mit einem deutlich abgesenkten Stundenumfang Verbreitung gefunden, bei denen die Sozialversicherungspflicht entfällt und somit für das Unternehmen u. a. die entsprechenden Lohnnebenkosten entfallen („610,- DM-Jobs"). Dieser Aspekt und die Bezugnahme auf die low-level-Bereiche haben das Image der Teilzeitarbeit nachhaltig geprägt und insgesamt zu einer negativen Bewertung bis hin zu einer gesellschaftlichen Stigmatisierung geführt.

Da sich die Verbreitung der Teilzeit in höher qualifizierten Berufsfeldern, wenn überhaupt, nur langsam und rudimentär durchsetzte, wurde sie insbesondere von den Gewerkschaften als eine „prekäre" Arbeitszeitform eingestuft, deren Verbreitung kritisch gesehen wurde (vgl. auch zum folgenden Kilz/Reh 1996, S. 166 f.). Die gewerkschaftliche Tarifpolitik orientierte sich hierbei an dem Ideal des sog. Normalarbeitsverhältnisses, dessen wichtigstes Merkmal vor allem das Vollzeitvolumen ist, so daß aus diesem Vorverständnis heraus gegenüber Teilzeitmodellen eine massive Defensiv- bis Blockadeposition aufgebaut wurde. Damit einhergehend zeichneten sich auch Vorbehalte bei den Unternehmen ab, die vor allem einer Verbreitung der Teilzeit bei qualifizierten Tätigkeiten kritisch gegenüber standen. Ein Grund hierfür war die Befürchtung von Störungen der betrieblichen Wertschöpfungsprozesse durch den ansteigenden Koordinierungsbedarf, weil anstelle eines Mitarbeiters nunmehr die Tätigkeiten mehrerer Beschäftigter abgestimmt werden müssen. Ferner wurde die Artikulierung von Wünschen in Richtung einer Reduzierung der Arbeitsstunden als ein Indiz für eine nachlassende Motivation gewertet. Angesichts der vorstehend beschriebenen Konstellation ist also der Handlungsspielraum für eine umfassende Verbreitung der Teilzeitarbeit von vornherein beschränkt gewesen. Soweit sie aber in die Praxis implementiert worden ist, erfolgte primär eine vorrangige Ausrichtung an die betrieblichen Bedürfnisse, und sie entstand somit aufgrund einer Initiative seitens des Arbeitgebers. Für die Beschäftigten bedeutete dies, daß sie also in diesen Fällen gerade keine Wahlfreiheit zwischen der Übernahme eines Vollzeit- und eines Teilzeitarbeitsverhältnisses haben, sondern vielmehr von Anfang an auf die Besetzung eines Teilzeitarbeitsplatzes beschränkt sind. Bei diesem Phänomen der sog.

Zwangsteilzeit stellt diese für die betroffenen Akteure also die einzige realisierbare Beschäftigungsmöglichkeit dar: Im Einzelhandel wie im Reinigungsgewerbe ist mittlerweile die Teilzeitarbeit für die weiblichen Arbeitnehmer zur typischen Arbeitsform geworden, unabhängig von den Vorstellungen und Wünschen der Mitarbeiter.

B. Rudimentärer Paradigmenwechsel in bezug auf die Teilzeitarbeit

Gegenüber dieser verfestigten Ausgangslage zeichnet sich gegenwärtig aber bei den beteiligten Akteuren eine gewisse Veränderung des Vorverständnisses im Hinblick auf die Bewertung von Teilzeitmodellen ab. Statt einer generellen Ablehnung werden in der Verbreitung der Teilzeitarbeit Chancen für die Realisierung positiver Effekte i.S.v. individuellen Nutzensteigerungen gesehen. Verantwortlich hierfür sind vor allem folgende Faktoren.

I. Der Wunsch nach einer Erhöhung der Zeitsouveränität bei den Arbeitnehmern

In der Artikulierung einer höheren Zeitsouveränität drückt sich der Wunsch der Mitarbeiter nach einer intensiveren Mitwirkungs- und Einflußmöglichkeit bei der Gestaltung der Arbeitszeit aus, um ihre individuellen Interessen stärker realisieren zu können. In diesem Zusammenhang spielt insbesondere der sich verfestigende gesellschaftliche Wertewandel eine besondere Rolle, indem er gerade auch die individuelle Einstellung zur Arbeit und zu den materiellen Tatbeständen insgesamt beeinflußt (Inglehart 1989). Mit der Abkehr von den ausschließlich ökonomischen Aspekten und einer Hinwendung zu den immateriellen Werten (z. B. Selbstverwirklichung) werden auch die Anforderungen an den Arbeitsplatz in der Weise beeinflußt, daß gerade in diesem Bereich nicht nur die Einkommenssituation für die Zufriedenheit der Mitarbeiter entscheidend ist, sondern darüber hinaus hierfür ebenso die Optionen bezüglich einer Ausdehnung und Erweiterung der Autonomiespielräume für die Umsetzung eigener Vorstellungen und Wünsche immer wichtiger werden. Konkret für die Arbeitszeitorganisation heißt dies, der Existenz von individuellen Gestaltungsmöglichkeiten zur Entwicklung von persönlichen Zeitstrukturen, die am ehesten der persönlichen Bedürfnislage entsprechen, und damit den erweiterten Selbstverwirklichungsbestrebungen Rechnung zu tragen. Letzteres bezog sich traditionsgemäß zunächst auf den chronologischen Faktor der Arbeitszeit, also auf deren Lage innerhalb eines zuvor definierten Bezugszeitraumes. Im Vordergrund steht dabei die erstmalige Einführung bzw. der Ausbau der Gleitzeitelemente, um eine an den Arbeitnehmerbedürfnissen ausgerichtete Verteilung der Arbeitsstunden zu erreichen. Auf diesem Ansatz basieren die Systeme der qualifizierten Gleitzeitarbeit, wo die Beschäftigten ihre Arbeitsaufgaben in zeitlicher Hinsicht selbständig organisieren dürfen und dabei lediglich an bestimmte Rahmenbedingungen (Kernzeiten, Ausgleichszeiträume, keine Störung der betrieblichen Abläufe) gebunden sind. Hiervon ausgehend hat sich eine Vielzahl arbeitnehmerorientierter flexibler Arbeitszeitmodelle gebildet, die in der Praxis auch auf großen Widerhall gestoßen sind.

Lag zunächst der Schwerpunkt auf dem chronologischen Faktor, so setzte sich der Wunsch nach einem Ausbau der Zeitsouveränität auch auf der chronometrischen Ebene, also beim Umfang der Arbeitszeit, durch. Im Vordergrund steht die Wahl eines Arbeitszeitvolumens, das mit den Vorstellungen der Beschäftigten und ihren spezifischen Bedürfnissen im Einklang steht. Dies bedeutet, daß nicht mehr automatisch ein Vollzeitarbeitsverhältnis angestrebt, sondern als Alternative eine reduzierte Dauer als ideal betrachtet wird. Der Grund hierfür ist neben dem erwähnten Wertewandel, der eine veränderte Einstellung zur Arbeit bewirkte, vor allem aber die zunehmende Notwendigkeit einer intensiven Koordinierung von beruflichen und privaten Belangen. Zu letzteren zählen Pflege- und Betreuungsaufgaben innerhalb der Familie oder des weiteren die Teilnahme an Qualifizierungsmaßnahmen.

Diese Aspekte bedingen schließlich eine größere Aufgeschlossenheit gegenüber Teilzeitarbeitsplätzen. Betroffen hiervon sind angesichts der (noch) traditionellen Aufgabenverteilung im familiären Haushalt vor allem Frauen, denen insoweit i.d.R. die dort anfallenden Aufgaben (Erziehung, Betreuung) obliegen. Daneben dürfte sich der Aspekt einer größeren Selbstverwirklichung vor allem bei qualifizierten Arbeitsplätzen verstärken, wo wegen der entsprechend höheren Bezahlung ein mit der Arbeitszeitreduzierung einhergehender Lohnrückgang eher verkraftbar ist und eine finanzielle Belastung unproblematisch erscheint. Insgesamt zeichnet sich daher gerade auch auf seiten der Arbeitnehmer die Tendenz zu einer ansteigenden Inanspruchnahme bzw. Forderung nach Arbeitsplätzen mit einem geringeren Arbeitszeitvolumen ab.

II. Die vermehrte Schaffung von Teilzeitarbeitsplätzen durch die Unternehmen

Parallel dazu entwickelt sich auch beim Management sukzessive die Bereitschaft zu einer vermehrten Schaffung von Teilzeitarbeitsplätzen. Verantwortlich ist einmal die Intention, auf diese Weise von vornherein einen Überhang an Arbeitsstunden zu verhindern und somit ein an die spezifischen betrieblichen Bedürfnisse angepaßtes Gesamtarbeitszeitvolumen zu installieren. Diese Einstellung führt zu einem Angebot an Arbeitsverhältnissen, die über ein abgesenktes Zeitvolumen (z. B. 90 %, 80 %, 70 % eines Vollzeitarbeitsplatzes) verfügen. Für die interessierten Arbeitnehmer besteht dann die Chance, aus dem facettenreicher gewordenen Angebot das für ihre persönlichen Verhältnisse attraktivste herauszusuchen.

In diesem Zusammenhang erfolgt insoweit die Ausdehnung der Teilzeitarbeit zunächst ausschließlich aus der betrieblichen Bedarfssituation heraus. Die eintretende Erhöhung der Zeitsouveränität auf seiten der Arbeitnehmer ist lediglich eine mittelbare Begleiterscheinung.

Im Gegensatz dazu steht hingegen das konkrete Eingehen auf die artikulierten Mitarbeiterwünsche bezüglich der Arbeitszeitdauer als Ziel der betrieblichen Arbeitszeitpolitik. Hier ist das Verhalten des Managements auf die unmittelbare Berücksichtigung der Arbeitnehmerpräferenzen ausgerichtet, um diese weitestgehend zu erfüllen und mit den betrieblichen Belangen abzustimmen. Dieser Handlungsansatz kann durch mehrere Motive hervorgerufen sein. Denkbar ist zunächst der Personalmarketingaspekt (vgl.

Kilz/Reh 1996, S. 396 ff.), der sich seinerseits auf unterschiedliche Bereiche beziehen kann. Grundsätzlich liegt dem Personalmarketing die Handlungsstrategie zugrunde, den (potentiellen) Mitarbeiter wie einen Kunden zu betrachten, dessen Wünsche und Vorstellungen grundsätzlich zu beachten und zu befriedigen sind, soweit dies mit dem störungsfreien Ablauf der Wertschöpfungsprozesse und der organisatorischen wie ökonomischen Belastbarkeit des Unternehmens zu vereinbaren ist.

Damit soll ein Maximum an Arbeitszufriedenheit garantiert werden, die ihrerseits wiederum eine essentielle Voraussetzung für das Erreichen einer hohen Arbeitsproduktivität ist. Gerade in wissensbasierten Unternehmen, wo die Effizienz der Wertschöpfung und somit die Marktstellung wesentlich von der Leistungsfähigkeit und Motivation der Beschäftigten abhängt, ist ein Eingehen auf deren Vorstellungen im Sinne eines Personalmarketingansatzes unverzichtbar.

Dieser Bedeutungswandel der Arbeit von einem bloßen Produktionsfaktor hin zu einem Wettbewerbsfaktor wird konsequent auch von der Strategie des Human Resource Management (siehe Oechsler 1994) aufgegriffen. Die Politik des Human Resource Management (HRM) zielt nämlich von vornherein auf eine intensive Einbindung der Arbeitnehmer in das betriebliche Entscheidungsverfahren ab, damit sie ihre Interessen und Vorstellungen bei den Planungen artikulieren und durchsetzen können. Durch diese Partizipation wird die Schaffung von Arbeitsbedingungen angestrebt, die bei den beteiligten Akteuren auf ein hohes Akzeptanzniveau stoßen und letztlich die Gewähr für ein verfestigtes Engagement der Beschäftigten bei der Bewältigung der Arbeitsaufgaben bieten. Wichtig ist in diesem Zusammenhang auch die Ausschaltung von Störungen, die sich nachteilig auf die Kreativität der „Wissensarbeiter" auswirken und zu unmittelbaren Effizienzverlusten führen. Entsprechend der Übertragung des HRM-Ansatzes auf die betriebliche Arbeitszeitpolitik bedeutet dies sowohl die Einbindung der Mitarbeiter in den formalen Planungsprozeß als auch die Berücksichtigung der von ihnen zum Ausdruck gebrachten Vorstellungen bei der Ausformung der zu implementierenden Arbeitszeitmodelle. Planungsgrundlage und -ziel ist neben der reinen ökonomischen Effizienzsteigerung auch die Optimierung der sozialen (= humanen) Effizienz durch einen Ausbau der Zeitsouveränität, wobei sich aber beide Kriterien gegenseitig positiv beeinflussen. Dies wird deutlich, wenn durch die Verbesserung des Arbeitsklimas gleichzeitig aufgrund einer hierdurch gesteigerten Motivation und Leistungsbereitschaft eine Optimierung der Produktivität eintritt. Von diesem Personalmarketingansatz ausgehend dürfte auf seiten des Managements angesichts der Chance zu weiteren ökonomischen Nutzengewinnen langsam die Bereitschaft wachsen, auf die individuellen Präferenzen der Mitarbeiter hinsichtlich der Vereinbarung des idealen Arbeitszeitvolumens konstruktiv und fördernd einzugehen und diese mit den objektiven betrieblichen Anforderungen abzustimmen. Je nach der spezifischen Unternehmenssituation ist auch eine entsprechende Anpassung der Wertschöpfungsprozesse vorstellbar, um einen möglichst hohen Grad an Zeitsouveränität zu realisieren.

Insgesamt zeigt sich demnach, daß der allgemeine Bedeutungszuwachs des Faktors Arbeit eine wichtige Bedingung auch für eine intensivere Beachtung der Teilzeitwünsche der Arbeitnehmer ist. Mit dem Angebot von unterschiedlichen Volumenvarianten, die von den Beschäftigten gewählt werden dürfen, wird also insgesamt ein Beitrag zur Stabilisierung und zum Ausbau der wirtschaftlichen Situation des Unternehmens gesetzt, soweit sich dies in eine nachhaltige Optimierung der Arbeitsergebnisse (schnelle Auftragsabwicklung, Abflachung der Fehlerquote, Outputsteigerungen) umsetzen läßt.

Auch wird zudem die Stellung des Unternehmens im Wettbewerb um besonders gesuchte Fachkräfte gestärkt, wenn ihnen eine höhere Zeitsouveränität in bezug auf die Arbeitszeitdauer zugestanden wird. Dies könnte nämlich für die umworbenen potentiellen Kandidaten ein ausschlaggebendes Argument für die Begründung des Arbeitsverhältnisses sein.

III. Die Förderung der Teilzeitarbeit als Beitrag zur Entschärfung der Arbeitsmarktproblematik

Ein weiterer Entwicklungsschub in bezug auf die Verbreitung von Teilzeitmodellen resultiert aus einer veränderten Arbeitsmarktpolitik seitens des Staates wie der Tarifpartner, um effiziente Lösungsansätze zur Senkung der zunehmend steigenden Arbeitslosenquote zu realisieren.

Bei einer Betrachtung der aktuellen Tendenzen auf der Tarifebene sind entscheidende und durchgreifende Veränderungen feststellbar, die eine qualitativ neue Dimension beinhalten.

Deutlich wird dies vor allem an der erstmaligen Bereitschaft sowohl der Arbeitgeberseite als auch der Gewerkschaften zur Implementierung von Beschäftigungskonzepten auf Basis eines reduzierten Arbeitszeitvolumens, welches zu entsprechenden Lohneinbußen führt (Kilz/Reh 1996, S. 121 ff.). Damit erfolgte faktisch erstmalig eine umfassende tarifvertragliche Normierung und Verbreitung von Teilzeitarbeitssystemen als Element und Grundlage betrieblicher Beschäftigungssicherungsstrategien. Eine Pilotfunktion kommt dem Haustarifvertrag bei der Volkswagen AG zu (vgl. Hartz 1994), wo durch eine massive Absenkung des ursprünglichen Vollzeitvolumens auf nunmehr 28,6 Wochenstunden flächendeckend im Unternehmen letztlich Teilzeitarbeitsplätze geschaffen worden sind. Bei diesem Modell erfolgt also eine Umverteilung des insgesamt noch benötigten Arbeitsvolumens gleichmäßig auf die Gesamtzahl der beschäftigten Arbeitnehmer mittels einer linearen Verkürzung der individuellen Arbeitszeitdauer. Die in dieser Form durchgeführte Anpassung des betrieblich vorhandenen Arbeitskräfteangebotes an den tatsächlichen Bedarf stellt somit eine Alternative zu ansonsten erforderlichen Freisetzungen (Aufhebungsverträge, Kündigungen) dar.

Für die Belegschaft liegt der entscheidende Vorteil in dem parallel vereinbarten Ausschluß von betriebsbedingten Kündigungen. Sie erhalten für die Geltungsdauer eine rechtliche Bestandsgarantie hinsichtlich ihres Arbeitsplatzes. Dieser Gedanke wurde später in den Flächentarifverträgen in der Metall- und Elektroindustrie wie auch in anderen Wirtschaftszweigen aufgegriffen (siehe Übersicht bei Kilz/Reh 1996, S. 57 f.). Auch der Metalltarifvertrag zur Beschäftigungssicherung (zum Inhalt siehe Kilz/Reh 1996, S. 57) erlaubt Arbeitszeitverkürzungen zur Beschäftigungssicherung. Zu diesem Zweck wird den Betriebspartnern die Option eingeräumt, von der tarifüblichen Arbeitszeit abzuweichen und eine geringere Dauer zu vereinbaren. Zulässig sind Arbeitszeiten, die maximal auf 30 Wochenstunden abgekürzt sind. Die Betriebspartner haben einen Gestaltungsrahmen, um auf längerfristige Rückgänge beim Arbeitskräftebedarf zu reagieren und auf diese Weise die Beschäftigungssituation zu stabilisieren. Erfolgt die Reduzierung für sämtliche Mitarbeiter eines Betriebes gleichermaßen, so findet zur Entlastung des Arbeitgebers von den Lohnkosten ebenfalls eine Einkommensminderung in dem Umfang statt, wie sich die Stundenzahl minimiert. Das Ergebnis dieser Arbeitszeitverkürzung ohne Lohnausgleich ist die Schaffung eines Teilzeitarbeitsplatzes.

In diesem Fall erhalten die Mitarbeiter eine Beschäftigungsgarantie, durch die betriebsbedingte Kündigungen ausgeschlossen sind. Erfolgt eine Arbeitszeitverkürzung lediglich für einzelne Arbeitnehmergruppen oder Betriebsteile, tritt kein rechtlicher Anspruch auf Beschäftigungssicherung in Kraft. Vielmehr erhält der Arbeitnehmer eine monetäre Kompensation, indem ein gewisser Lohnausgleich erfolgt.

Dieser Gedanke der Arbeitsplatzerhaltung durch eine Volumenreduzierung hat auch in dem bundeseinheitlich geltenden Tarifvertrag der Chemischen Industrie vom 24.06.1992 (Stand: Februar 1994) Eingang gefunden (zum Inhalt siehe Kilz/Reh 1996, S. 58). Dieser sieht nämlich bei der Arbeitszeit lediglich eine sog. Bandbreitenregelung (Stichwort: Zeitkorridor) vor, innerhalb der die Betriebspartner die Option erhalten, diejenige Dauer zu definieren, die für das Unternehmen die optimale Größe darstellt. Der Gestaltungsspielraum umfaßt eine Spanne von 30 - 40 Wochenstunden, so daß auch in diesem Kontext von der tarifüblichen Arbeitszeit nach unten abgewichen werden darf. Die Vereinbarung einer Arbeitszeitverkürzung hat für die betroffenen Mitarbeiter aber entsprechende Einkommenseinbußen zur Folge. Im Gegensatz zu den Tarifverträgen der Metall- und Elektroindustrie erlangen sie keine Beschäftigungsgarantie. Demnach werden auch im Chemiesektor verstärkt die rechtlichen Bedingungen für einen höheren Verbreitungsgrad von volumenreduzierten Arbeitsverhältnissen (Teilzeitarbeit) geschaffen.

Die Gesamtschau der deutschen Tariflandschaft dokumentiert eine sukzessive Verhaltensänderung hinsichtlich der Einschätzung von Arbeitszeitverkürzungen ohne (vollen) Lohnausgleich durch die Tarifpartner. Ausgelöst werden sie durch die Notwendigkeit zur Schaffung von effizienten Konzepten der Beschäftigungssicherung, die einen höheren Wirkungsgrad als die bisherigen aufweisen. Der internationale Wettbewerb und die permanenten Rationalisierungszyklen bedingen nämlich in allen industriellen Bereichen wie im Dienstleistungssektor einen immer größer werdenden Überhang an Arbeitskräften, der in absehbarer Zeit nur eingeschränkt abgebaut werden dürfte. Daher erscheint das gewählte Konzept einer Umverteilung des nunmehr noch benötigten Arbeitsvolumens auf die im Unternehmen vorhandenen Mitarbeiter mittels einer gleichmäßigen linearen Verkürzung der Arbeitszeit ohne Lohnausgleich als ein effektiver und praktikabler Ansatz zur Beschäftigungssicherung.

Auf diese Weise wird der Freisetzungsdruck für die Belegschaft abgemildert und zugleich die Belastung des Arbeitgebers mit den Arbeitskosten reduziert. Das Unternehmen erhält einen längeren Reaktions- bzw. Handlungsspielraum, um ggf. weitere Produktlinien und Ideen zu entwickeln und somit die Marktposition langsam wieder zu stabilisieren bzw. gar weiter auszubauen, wobei das bestehende Humankapital erhalten bleibt und nicht abwandert. Auch wenn sich mittel- bis längerfristig keine Rückkehr zur ursprünglichen Arbeitszeitdauer abzeichnet, bleibt auch für die Belegschaft die Aufrechterhaltung des Arbeitsverhältnisses von Vorteil, weil sie auch weiterhin im unmittelbaren Kontakt zum ersten Arbeitsmarkt mit den dort artikulierten fachlichen Anforderungen stehen. Dies verhindert eine Entwertung des individuellen Humankapitals, die eine große Problematik bei der Arbeitslosigkeit darstellt und die Reintegration der betroffenen Personen immer schwieriger werden läßt.

Diese geschilderten Vorteile und konstruktiven Chancen, die mit einer intensiven Verbreitung der Teilzeitarbeit (= Arbeitszeitverkürzung ohne Lohnausgleich) als zentrales Element eines umfassenden Beschäftigungssicherungskonzeptes einhergehen, bieten eine wesentliche Bedingung für deren weitere Implementierung innerhalb der bestehenden Arbeitsbeziehungen.

Auch die Regelungsakteure auf der staatlichen Ebene erkennen zunehmend die strategische Bedeutung der Teilzeitarbeit für eine positive Entlastung des Arbeitsmarktes und versuchen diese Tendenz zu fördern. Dies geschieht durch verschiedene Maßnahmenpakete, die sich gegenseitig ergänzen. Als Grundlage fungiert eine umfassende Informationskampagne, mit der noch latent bestehende Vorurteile bezüglich der Teilzeitarbeit abgebaut und die damit verbundenen Chancen erläutert werden sollen. Auch erfolgt als nächster Schritt das Setzen von spezifischen Motivationsanreizen für die Begründung von Teilzeitarbeitsverhältnissen. Zu diesem Zweck normiert das AFG bei der Festsetzung des Arbeitslosengeldes die Fiktion eines Vollzeitarbeitsverhältnisses, soweit innerhalb einer gewissen Zeitspanne nach der Reduzierung des ursprünglichen Arbeitszeitvolumens zur Teilzeitarbeit der Fall der Arbeitslosigkeit eintritt (§ 112 Abs. 4a AFG). Für die betroffenen Beschäftigten bedeutet dies eine gewisse Bestandssicherung, weil sie durch ihre Teilzeitbereitschaft keine späteren finanziellen Einbußen erleiden. Sie wären in beträchtlichem Umfang gegeben, falls die Lohnersatzleistungen nach dem Teilzeiteinkommen berechnet würden. Es erfolgt auf diese Weise eine Begünstigung der Arbeitnehmerseite um ihre Bereitschaft zur Arbeitszeitverkürzung zu festigen.

Ein zusätzlicher Teilzeitschub resultiert ferner aus der nunmehr in Angriff genommenen weiteren Forcierung der sog. Altersteilzeit, die eine Alternative zu den nicht finanzierbaren Frühpensionierungen darstellt und diese schließlich in der Zukunft vollständig ablösen soll. Zu diesem Zweck ist ein Rentenmodell für ältere Arbeitnehmer (ab dem 55. Lebensjahr) konzipiert worden, welches auf ihrer Weiterbeschäftigung in einem um 50 Prozent reduzierten Umfang der Vollzeitdauer basiert (vgl. Kilz/Reh 1996, S. 115). Vom Arbeitgeber erhalten sie daher ein um die Hälfte verkürztes Einkommen. Ergänzt wird es durch einen Zuschuß der Sozialversicherungsbeiträge in Höhe von 20 Prozent, wenn das Unternehmen die freigewordene Arbeitskapazität durch die Einstellung neuer Arbeitskräfte kompensiert (= Entlastungseffekt für den Arbeitsmarkt). Im Ergebnis erhalten die Mitarbeiter einen Lohn, der gegenüber dem ursprünglichen noch ein 70-prozentiges Niveau aufweist. Gleichzeitig erfolgt eine Aufstockung der Rentenbeiträge. Dieses Konzept der Teilzeitrente bedeutet faktisch die vermehrte Implementierung von Teilzeitarbeitsverhältnissen für ein bestimmtes Arbeitnehmersegment (= ältere Mitarbeiter), die mit ergänzenden staatlichen Transferzahlungen verknüpft werden. Insofern wird eine enge Verbindung zu dem Ansatz, der allgemein eine „Mischfinanzierung" bei Teilzeitarbeitsplätzen vorsieht, deutlich. Diesem liegt der Gedanke einer Subventionierung von Arbeitsverhältnissen zugrunde, bei denen das Einkommen nicht das Lebenshaltungsniveau erreicht bzw. dieses nur geringfügig übersteigt. Dies hätte zur Folge, daß die

Arbeitnehmer sich mit Bezug von Sozialhilfe u. U. besser stünden als durch die Aufnahme einer derartigen Tätigkeit. Zur Anreizförderung bietet sich in diesen Fällen daher die Ergänzung des Lohnes durch staatliche Zusatzzahlungen an, weil dann die Arbeitsaufnahme für die potentiellen Bewerber zu einer wesentlichen Optimierung ihrer ökonomischen Situation führt. Für die staatlichen Leistungsträger hingegen liegt der Vorteil in der Einsparung von sozialen Transferbeiträgen, die ansonsten zu erbringen wären und die Ergänzungsleistungen beträchtlich übersteigen dürften. Diesen Aspekt greift der Chemietarifvertrag auf, der bei der Altersteilzeit einen weiteren Zuschuß durch die Arbeitgeber i. H. v. 15 Prozent des Lohnes vorsieht (vgl. HB, Nr. 65 vom 01.04.1996, S. 4.).

IV. *Zwischenergebnis und Ausblick*

Die Darstellung und Analyse des sich sukzessive abzeichnenden Paradigmenwechsels in bezug auf die Teilzeitarbeit deutet als zukünftiger Trend auf deren zunehmende weitere Verbreitung. Die Basis hierfür stellt die Konstellation dar, daß die vermehrte Forcierung der Teilzeit für alle betroffenen Akteure neue Chancen und individuelle Nutzensteigerungen bietet. Insoweit zeichnet sich auch eine umfassende Interessenkongruenz ab, die einen wesentlichen Entwicklungsschub für die Zukunft auslösen könnte. Auf seiten der Arbeitnehmer besteht der Vorteil in der Erhöhung ihrer Zeitsouveränität in dem Maße, wie sie selbst das von ihnen gewünschte Zeitvolumen wählen dürfen. Die positiven Effekte für die Unternehmen liegen zunächst in der Etablierung des konkret benötigten Arbeitszeitvolumens und der Vermeidung von permanenten Überkapazitäten. Daneben ist aber auch eine Steigerung der Arbeitsproduktivität realisierbar, soweit mit dem Eingehen auf die Teilzeitpräferenzen der Belegschaft die Leistungsbereitschaft und die Arbeitsqualität (z. B. Abbau der Fehlerquote) optimiert werden.

Jedoch einer der wichtigsten Gründe für eine umfassendere Verbreitung der Teilzeitarbeit liegt in ihrer Funktion als zentrales Element (Modul) eines strategischen Konzeptes der Beschäftigungssicherung.

Diese drei geschilderten Faktoren (ökonomische Nutzensteigerungen bei den Unternehmen, Erhöhung der individuellen Zeitsouveränität, Beschäftigungssicherungsaspekt) sind für den sich abzeichnenden Wandel der Arbeitsbeziehungen in Deutschland in Richtung einer Vermehrung der Teilzeitarbeitsplätze verantwortlich. Hierbei handelt es sich um eine Parallelentwicklung, die den Gesamtübergang von der traditionellen Industriewirtschaft hin zur informations- und wissensgeleiteten Wertschöpfung begleitet. Um die Nutzenvorteile, die diese Veränderungen der ökonomischen Strukturen bewirken, auch dauerhaft zu sichern, ist es aber erforderlich, die negativen Effekte, wie die steigende Arbeitslosigkeit, unmittelbar zu minimieren und auszuschalten. Ansonsten ist nämlich die Gefahr von störenden Rückkoppelungseffekten in Form einer Destabilisierung des Gesamtsystems gegeben. Gerade eine Arbeitslosenzahl von über 4 Millionen Menschen und den weiter betroffenen Familienangehörigen birgt ein hohes soziales wie finanzielles Problempotential, welches den gesellschaftlichen Grundkonsens und folglich das tragende Fundament des Gesamtwirtschaftssystems in Frage stellt und letztlich zur Erosion bringt.

Angesichts dieser Ausgangskonstellation einer massiven unfreiwilligen Arbeitslosigkeit, also eines nicht gewollten Ausschlusses aus dem Erwerbsleben, ist die Hauptdiskussion der vergangenen Dekade, die sich mit dem Wandel der Arbeits- zur Freizeitgesellschaft auseinandersetzt, mittlerweile antiquiert und obsolet geworden. Denn die Tendenz einer Stärkung der individuellen Freizeitsphäre vollzog sich in dem Kontext einer höheren Beschäftigungsquote und einer umfassend eintretenden stetigen Arbeitszeitverkürzung verbunden mit der finanziellen Statussicherung (Stichwort: 35-Stunden-Woche bei vollem Lohnausgleich). Im Gegensatz dazu ist zum gegenwärtigen Zeitpunkt eine genau umgekehrte Ausgangslage gegeben. Nicht ein „Mehrangebot" an Freizeit steht zur Diskussion, sondern die Frage nach einer Sicherung der Arbeitsoptionen ist das vorrangige gesellschaftspolitische Ziel.

Konkret bedeutet dies eigentlich die grundsätzliche Erhaltung der Arbeitsgesellschaft in der Form, daß für möglichst viele Akteure eine Erwerbsoption offeriert werden kann. Da dies - wie vorstehend dargestellt - primär nur durch eine umfassende Verkürzung der Arbeitszeit ohne Lohnausgleich erreichbar ist, deutet sich als zukünftige Alternative die Fortentwicklung der bestehenden Arbeitsbeziehungen zu einer Teilzeitgesellschaft an, die die traditionellen Arbeits- wie Freizeitsphären in sich aufnimmt und zu einem tragfähigen allgemein akzeptablen Kompromiß vereinigt. Es kann daher prognostiziert werden, daß der Weg in die Teilzeitgesellschaft zukünftig den bestimmenden Megatrend darstellt und die traditionelle Rivalität zwischen der Arbeits- und der Freizeitgesellschaft ablöst.

An diese Entwicklung anknüpfend stellt sich aber die Frage, ob die gegenwärtigen Rahmenbedingungen bereits in ausreichendem Maße die Voraussetzungen für eine möglichst umfangreiche Ausdehnung der Teilzeitarbeit erfüllen und wo sich noch Defizite abzeichnen. Um hierüber eine nachvollziehbare Aussage zu treffen, sollen zunächst die Bedingungen, die für die Teilzeitarbeit von Relevanz sind, hinsichtlich ihrer Geeignetheit überprüft werden. Im Vordergrund steht daher vor allem die Ermittlung, in welchem Bereich negative Einflüsse erkennbar sind, die zu einem suboptimalen Verbreitungsgrad führen. Auf der anderen Seite gilt es aber auch diejenigen Faktoren festzustellen, die ihrerseits zu einer Förderung der Teilzeitarbeit beitragen und damit eine wichtige Promotorenfunktion einnehmen.

Nach dieser Analyse und Bewertung des Ist-Zustandes sollen als nächster Schritt geeignete Reorganisationsansätze konzipiert und diskutiert werden, durch die die herausgearbeiteten Barrieren und Schwachstellen kompensiert werden und folglich der Effizienzgrad in bezug auf die Ausdehnung der Teilzeitarbeit gesteigert wird. Dabei sind sowohl die latenten Blockadepositionen auf der unmittelbaren betrieblichen wie auf der darüber hinausgehenden gesellschaftlichen Ebene und die zwischen ihnen bestehende Wechselwirkung zu beachten. Ziel ist in diesem Zusammenhang die Entwicklung von praktikablen Gestaltungsempfehlungen bezüglich der Teilzeitarbeitsstrukturen und deren erfolgreiche Implementierung in die Praxis.

Darüber hinaus soll als abschließender Beitrag der Versuch unternommen werden, die allgemeinen Konsequenzen auf den ökonomischen und sozio-kulturellen Kontext und die im Verhältnis zu den gegenwärtigen Strukturen sich abzeichnenden Neuorientierungen zu beschreiben und zusammenzufassen.

Bevor nun aber diese Aspekte im einzelnen untersucht werden, erfolgt zu Beginn zunächst eine Darstellung der realisierbaren Teilzeitsysteme in den Unternehmen. Die Intention ist es dabei, zunächst die bereits existierenden Teilzeitmodelle, die in der betrieblichen Praxis zur Anwendung gelangen, systematisch unter einheitlichen Kriterien zusammenzufassen und hinsichtlich ihrer Strukturen zu analysieren. Auf diese Weise wird ein umfassender Gesamtüberblick bezüglich der sich gegenwärtig abzeichnenden Entwicklungstendenzen bei der Teilzeit angestrebt. Die gewonnen Informationen dienen als Basis für den weiteren Untersuchungsablauf.

Teil 2: Die Entwicklung und Verbreitung von Teilzeitsystemen in der betrieblichen Praxis

Nachstehend erfolgt eine Darstellung des gegenwärtigen Verbreitungsgrades von Teilzeitmodellen in den deutschen Unternehmen. Hierdurch soll die Aussage über die bereits bestehenden und insgesamt möglichen Varianten und Implementierungsansätze getroffen werden. Von besonderem Interesse ist, inwieweit die früher typische Teilzeitform der klassischen Halbtagsbeschäftigung durch neue Gestaltungsmuster ergänzt bzw. gar verdrängt wird. Im Vordergrund steht dabei primär die Frage, welche unterschiedlichen Varianten und Grundformen sich bislang herausgebildet haben, also insgesamt ein bereits praktiziertes Reservoir der zu nutzenden Strukturelemente darzustellen. Als Datenmaterialquelle zur Feststellung der Teilzeitstrukturen diente die Auswertung von Fachzeitschriften, wissenschaftlichen Publikationen sowie die Durchführung von Experteninterviews in einzelnen Betrieben. Insgesamt wurden die Arbeitssysteme von über 200 Unternehmen in die Untersuchung einbezogen. Sie entstammen dem Einzelhandels- wie dem Dienstleistungsbereich. Hinsichtlich des industriellen Sektors wurden Unternehmen des Maschinen- und Anlagenbaus, der Metall- sowie der Automobilindustrie miteinbezogen. Durch diesen umfassenden Untersuchungsbereich wird die vollständige Einbeziehung sämtlicher Bereiche der Arbeitsbeziehungen sichergestellt und das Entstehen von Defiziten, die zu einer Verfälschung des Gesamtergebnisses führen, ausgeschlossen.

Um inhaltliche Unklarheiten, die im Zusammenhang mit der Arbeitszeitdiskussion auftreten können, zu vermeiden, ist es erforderlich, die wichtigsten Grundbegriffe vorab zu definieren und zu erläutern.

A. Die arbeitszeittheoretischen Grundlagen

I. Definition und Struktur der Arbeitszeit

Eine Definition der Arbeitszeit enthält § 2 Abs. 1 AZG. Danach umfaßt die Arbeitszeit den Zeitraum, in dem der Arbeitnehmer zur Erfüllung seiner Leistungsaufgaben am Arbeitsplatz anwesend ist.

Die Arbeitszeit selbst spaltet sich in einen chronometrischen und einen chronologischen Faktor auf, die ihrerseits die Systemstruktur prägen.

Der chronometrische Faktor bezieht sich auf den Umfang der Arbeitsleistung innerhalb eines zuvor definierten Erfüllungszeitraumes. Er definiert also das konkret zu erbringende Arbeitszeitvolumen. Die Berechnungseinheit ist in der Praxis das Stundenmaß (z. B. 35-Stunden-Woche).

Der chronologische Faktor beschreibt demgegenüber die zeitliche Lage des Arbeitszeitvolumens, also dessen konkrete Verteilung innerhalb des Erfüllungszeitraumes. Die Struktur eines Arbeitszeitsystems wird folglich durch zwei Operationsebenen gestaltet, nämlich

- durch das Arbeitszeitvolumen und
- durch die Verteilungsebene.

Auf diesen beiden Ebenen können somit konkrete Organisationsansätze implementiert werden, wodurch das Gesamtsystem schließlich in Gestalt eines spezifischen Arbeitszeitmodells eine konkrete Form erhält.

II. Organisationsansätze bei der Arbeitszeitgestaltung

Bezüglich der Arbeitszeit wird ihre Neugestaltung allgemein unter dem Schlagwort „Arbeitszeitflexibilisierung" diskutiert, ohne daß genau unterschieden wird, auf welche Ebene sich diese letztlich bezieht. Problematisch ist auch, welcher jeweilige begriffliche Inhalt mit der Bezeichnung „flexibel" nun konkret gemeint ist. Insoweit sind Verständnisschwierigkeiten aber auch wissenschaftliche Ungenauigkeiten in der Diskussion schon vorprogrammiert. Mit der Reduzierung der Reengineeringprozesse bei der Arbeitszeit allein auf den Flexibilisierungsansatz besteht ferner das Problem einer nicht ausreichenden Beachtung von Gestaltungskonzepten, die außerhalb des Flexibilisierungsbereiches stattfinden. Erforderlich und wichtig ist eine differenzierte Betrachtung der einzelnen Gestaltungsoptionen sowohl hinsichtlich ihres Bezugspunktes (chronometrischer oder chronologischer Faktor) als auch hinsichtlich ihrer inhaltlichen Ausrichtung.

1. Die quantitative Veränderung des Arbeitszeitvolumens durch eine vertragliche Neuregelung

Die Veränderung der gegebenen Arbeitszeitdauer kann in zwei Richtungen erfolgen. Denkbar ist entweder ihre Ausdehnung oder aber alternativ ihre Reduzierung. Wird die tarifübliche Arbeitszeit als Referenzmaßstab zugrunde gelegt, besteht für eine Erweiterung der Arbeitszeit letztlich nur ein relativ enger Handlungsspielraum. Dieser resultiert aus der Fixierung von höchstzulässigen Arbeitszeiten durch das AZG.

Demgegenüber besteht bei der Verringerung der vertraglichen Arbeitszeit von vornherein ein größerer Handlungsspielraum, weil insoweit keine gesetzlichen Restriktionen bestehen, die die Vorstellungen der Arbeitsvertragsparteien determinieren. Folglich existiert bezüglich der Arbeitszeitreduzierungen eine Vielzahl von Gestaltungsmöglichkeiten, da ausgehend von der tariflichen Arbeitszeit theoretisch ein immer kleiner werdendes Arbeitszeitvolumen vereinbart werden kann. In diesem Gestaltungsbereich sind die Teilzeitsysteme angesiedelt, die den Gegenstand der vorliegenden Arbeit bilden. Nach der in § 2 Abs. 2 Satz 1 Beschäftigungsförderungsgesetz enthaltenen Definition sind Arbeitnehmer teilzeitbeschäftigt, wenn ihre regelmäßige Wochenarbeitszeit kürzer ist als die regelmäßige Wochenarbeitszeit vergleichbarer vollzeitbeschäftigter Arbeitnehmer des Betriebes. In dieselbe Richtung tendiert die der Sozialstatistik zugrundeliegende Definition, nach der jede Beschäftigung unterhalb der regelmäßigen Wochenarbeitszeit als Teilzeitarbeit bezeichnet wird (siehe Groß/Thoben/Bauer 1989, S. 105). Folglich werden mit der Teilzeitarbeit nur singuläre und partielle Arbeitszeitverkürzungen erfaßt, nicht jedoch das Phänomen globaler und umfassender Reduzierungen des Arbeitszeitvolumens.

Diese sind gegeben, wenn ein Branchentarifvertrag für den gesamten Tarifbereich oder ein Firmentarifvertrag für ein einzelnes Unternehmen massive Arbeitszeitverkürzungen vorsieht. Obwohl in beiden Fällen im Vergleich zur ansonsten tarifüblichen Arbeitszeit als Referenzmaßstab eine deutliche Volumenreduzierung eintritt, verbleibt es folglich bei einer Vollzeitbeschäftigung. Es wird damit die eingeschränkte Tauglichkeit der gesetzlichen Legaldefinition im Hinblick auf das Phänomen umfassender kollektiver Arbeitszeitverkürzungen deutlich, an deren Ende schließlich als Resultat faktisch doch ein Teilzeitarbeitsverhältnis entsteht. Insoweit wird der Übergang in die Teilzeitgesellschaft sogar noch forciert, ohne daß diese sozialen und gesellschaftlichen Veränderungen sich in den rechtlichen Bewertungskategorien adäquat niederschlagen. Es liegt eine Konstellation vor, bei der die gesamte Komplexität der Arbeitszeitverkürzungen ohne Lohnausgleich mit dem gesetzlichen Begriff der Teilzeit nur unzureichend erfaßt werden, obwohl sie bei einer normativen Klassifizierung dieser Tendenzen gerade doch dazu gezählt werden dürften, weil durch sie eine Verringerung der individuellen Arbeitszeitvolumen bei einer Vielzahl von Beschäftigten ausgelöst, also der Trend zur Teilzeitgesellschaft beschleunigt und intensiviert wird. Um dennoch nicht im Widerspruch zur (noch geltenden Definition zu stehen, sollen daher vorstehende Entwicklungen unter der Rubrik „Reduzierung des Arbeitszeitvolumens" subsumiert werden, die die gesetzlich fixierten und auch die sich tatsächlich ergebenden Teilzeitvarianten umfaßt.

2. Die Flexibilisierung der Arbeitszeit

Eine Flexibilisierung der Arbeitszeitstrukturen ist sowohl hinsichtlich des chronologischen wie des chronometrischen Faktors möglich. Ausgehend von der begrifflichen Bedeutung des Wortes „flexibel" (= veränderbar oder biegsam) bedeutet dies, daß mindestens einer dieser beiden Faktoren aus sich heraus als permanent abänderbar von vornherein angelegt ist und eine zusätzliche vertragliche Abrede (= Rechtsgrund) gerade nicht mehr erforderlich ist (Reh/Kilz 1992, S. 19). Insgesamt sind somit auf der Ebene der Arbeitszeitgestaltung folgende Systeme zu unterscheiden:

a. Das starre Arbeitszeitsystem

Eine starre Arbeitszeit liegt vor, wenn sowohl die Lage als auch die Dauer der Arbeitszeit von vornherein als unveränderbar bestimmt sind, so daß jede Neugestaltung der Arbeitszeit einer weiteren zusätzlichen vertraglichen Vereinbarung (= neuer eigenständiger Rechtsgrund) bedarf.

b. Das flexible Arbeitszeitsystem

Von einem flexiblen Arbeitszeitsystem ist auszugehen, wenn die Arbeitszeit bezüglich ihrer Dauer und/oder ihrer zeitlichen Lage permanent zur Veränderung bestimmt ist, so daß die Abänderung der Arbeitszeit keines eigenständigen Rechtsgrundes mehr bedarf und somit als sogenanntes offenes System klassifiziert werden kann (Reh/Kilz u. a. 1990, S. 16).

c. Das beschränkt flexible Arbeitszeitsystem

Des weiteren können Arbeitszeitsysteme existieren, die über ein gewisses Veränderungspotential verfügen, welches aber nicht die Qualität, wie sie für eine flexible Arbeitszeit erforderlich wäre, erreicht. Wegen der gegebenen Veränderungsmöglichkeiten scheidet ebenfalls eine Klassifizierung als starre Form der Arbeitszeit aus. Aufgrund dieser Zwischenstellung können derartige Arbeitszeitsysteme als beschränkt flexible Form der Arbeitszeit definiert werden (Reh/Kilz u. a. 1990, S. 18).

Hierzu zählen insbesondere Arbeitszeitsysteme die von ihrer Struktur her nur über eine begrenzte Anzahl von Veränderungsoptionen verfügen und damit auch nicht als starre Arbeitszeit aufgefaßt werden können. Erst später, wenn der Vorrat an Veränderungsoptionen ausgenutzt worden ist, tritt eine Erstarrung der Arbeitszeit ein. Somit ist ebenfalls auch keine andauernde Veränderbarkeit, wie sie für die flexible Arbeitszeit kennzeichnend ist, gegeben.

Ferner können auch Arbeitszeitsysteme, die lediglich eine vorübergehende Veränderung der vertraglich geschuldeten Arbeitszeit bezwecken, als beschränkt flexible Form der Arbeitszeit bezeichnet werden. Zu denken ist hierbei besonders an eine Verlängerung oder Verkürzung des Arbeitszeitvolumens (Überarbeit, Kurzarbeit). Ist nämlich die Abänderung von vornherein als vorübergehende geplant, so nimmt die Arbeitszeit folglich notwendig immer wieder ihre ursprüngliche Struktur ein. Trotz möglicherweise permanent bestehender Abänderungsoptionen tritt somit im Ergebnis wieder eine gewisse Erstarrung ein, die letztlich die Neugestaltung der Arbeitszeit determiniert.

Ist für die vorübergehende Veränderung der Arbeitszeit hingegen ein neuer Rechtsgrund erforderlich, erscheint es gleichfalls als fraglich, ob hierin bereits die Ersetzung eines starren Arbeitszeitsystems durch ein neues ebenfalls starres gesehen werden kann. Dagegen spricht, daß das alte Arbeitszeitsystem im Grunde bestehen bleibt und lediglich teilweise durch ein Annex-Arbeitszeitsystem vorübergehend ergänzt wird, wodurch sich die Struktur der ursprünglichen Arbeitszeit insgesamt verändert, ohne daß dessen eigentliche Identität aufgehoben wird.

Die obigen Ausführungen machen deutlich, daß Arbeitszeitsysteme, die lediglich eine vorübergehende Veränderung der ursprünglichen Arbeitszeit bezwecken, weder als eindeutig flexibel noch als eindeutig starr zu qualifizieren sind. Sie können somit auch als beschränkt flexible Form der Arbeitszeit bewertet werden.

Ähnliches gilt auch für Arbeitszeitsysteme, deren Veränderung von vornherein nach einem bestimmten Rhythmus erfolgt, so daß hierdurch eine gewisse Verfestigung der Arbeitszeit eintritt (z. B. Schichtarbeit). Die hiermit verbundene Erstarrung rechtfertigt es, diese Arbeitszeiten ebenfalls als beschränkt flexibel zu qualifizieren.

d. Das selbstbestimmte Arbeitszeitsystem

Eine völlig neue Kategorie der Arbeitszeitflexibilisierung besteht ferner bei der selbstbestimmten Arbeitszeit, die bei der Trennung von Betriebs- und Arbeitsstätte auftritt. Bei diesem Arbeitszeitsystem relativiert sich die Bedeutung der Arbeitszeit, weil der Beschäftigte die Arbeitsleistung zeitlich fast völlig autonom gestalten kann (Reh/Kilz u. a.

1990, S. 18). Die Arbeitszeitstruktur hat keine entscheidende Funktion mehr, vielmehr tritt allein das Arbeitsergebnis in den Vordergrund.

Insoweit bestehen für den Beschäftigten damit bei der selbstbestimmten Arbeitszeit, obwohl es sich im Grunde auch um eine flexible Form der Arbeitszeit handelt, von der Qualität her noch intensivere Veränderungs- und Gestaltungsoptionen, die es rechtfertigen, in der selbstbestimmten Arbeitszeit ein eigenständiges Arbeitszeitsystem zu sehen.

B. Gestaltungsansätze bei der Teilzeitarbeit

Nachdem die theoretischen Grundlagen und Begriffe zur Vermeidung von divergierenden Interpretationen und Ungenauigkeiten definiert worden sind, sollen als nächstes die möglichen Gestaltungskonzepte beschrieben und analysiert werden, die im Bereich der Teilzeitorganisation zur Anwendung gelangen bzw. als Option zumindest denkbar sind. Zur Klassifizierung und Evaluierung der Teilzeitkonzepte erfolgt eine getrennte Betrachtung der chronometrischen und der chronologischen Ebene, um die stattfindenden Differenzierungsprozesse in ihrer detaillierten Komplexität entsprechend exakt zu erfassen. Innerhalb dieser Ebenen der Arbeitszeitdauer und ihrer Lage findet als Orientierungspunkt eine Unterscheidung nach den Graden ihrer Flexibilität statt. Von Bedeutung ist dabei vor allem auch die Ermittlung von Veränderungen, die im prä-flexiblen Stadium ablaufen und folglich von der allgemeinen Arbeitszeitdiskussion, die sich exklusiv auf den Flexibilisierungsaspekt stützt, nur bedingt erfaßt werden.

I. Die Gestaltung des Arbeitszeitvolumens bei der Teilzeitarbeit

Auf der Ebene des chronometrischen Faktors haben sich, ausgehend von der klassischen Halbtagsbeschäftigung, folgende Entwicklungstendenzen auf den unterschiedlichen Flexibilisierungsstufen durchgesetzt, wobei vor allem der beschriebene Effekt der Beschäftigungssicherung in den Tarifverträgen einen wesentlichen Beschleunigungsschub für die Verbreitung von Arbeitsverhältnissen, denen ein reduziertes Zeitvolumen zugrundeliegt. Auch wenn diese gemessen an der aktuell eigentlich überholten gesetzlichen Definition zwar nicht unmittelbar als Teilzeitarbeit angesehen werden dürften, stellen sie diese aber unter Zugrundelegung einer normativen Betrachtungsweise gerade doch dar, weil sie z. T. zu massiven Absenkungen der Arbeitszeit führen und eine krasse Statusveränderung bewirken. Aus diesem Gesichtspunkt heraus und aus Gründen der Vollständigkeit sollen daher alle Entwicklungstendenzen, die im Ergebnis zur Schaffung der Teilzeitgesellschaft führen, mit erfaßt werden.

1. Das starre Arbeitszeitvolumen

a. Das (Noch-) Vollzeitarbeitsverhältnis mit reduziertem Arbeitszeitvolumen

Neben den traditionellen Vollzeitarbeitsverhältnissen mit dem allgemeinen tarifüblichen Arbeitszeitvolumen zeichnet sich gegenwärtig ferner die Tendenz zu Vollzeitarbeitsverhältnissen mit - im Vergleich hierzu - geringeren Arbeitszeiten ab. So sieht der zwischen der VW-AG (VAG) und der IG Metall geschlossene Haustarifvertrag vom 15.12.1993 eine Verringerung der wöchentlichen Arbeitszeit ohne Lohnausgleich vor (abgedruckt in Hartz 1994, S. 188 ff.). Die regelmäßige Arbeitszeit beträgt 28,8 Wochenstunden (§ 2 Ziffer 2.2.1 des Tarifvertrages). Mit dieser Vereinbarung sollen Entlassungen verhindert werden, indem statt dessen die Arbeitnehmer nur noch in einem gekürzten Umfang beschäftigt werden. So sieht § 5 des Tarifvertrages vor, daß während seiner Laufzeit betriebsbedingte Kündigungen ausgeschlossen sind (Aspekt der Beschäftigungssicherung).

Auch bei dieser Konstellation entsteht eine feststehende Arbeitszeitdauer, zu deren Abänderung es wiederum einer neuen vertraglichen Vereinbarung bedarf. Es handelt sich folglich um ein starres Arbeitszeitvolumen.

b.   Das Teilzeitarbeitsverhältnis mit konstantem Arbeitszeitvolumen

Nach der im Beschäftigungsförderungsgesetz enthaltenen Legaldefinition sind Arbeitnehmer teilzeitbeschäftigt, wenn deren regelmäßige Wochenarbeitszeit kürzer ist als die regelmäßige Wochenarbeitszeit vergleichbarer vollzeitbeschäftigter Arbeitnehmer des Betriebes (§ 2 Abs. 2 Satz 1 BeschFG). Wird bei der Teilzeitarbeit eine konstante Dauer der Arbeitszeit vereinbart, so hat dies zur Folge, daß eine Veränderung jeweils einer neuen vertraglichen Regelung bedarf. Bezüglich des Volumens entsteht also ein starres System.

War ursprünglich einmal im Bereich der Teilzeitarbeit die sogenannte Halbtagsbeschäftigung prägend, so zeichnet sich in der betrieblichen Praxis die Tendenz zu einer stetigen Differenzierung des starren Arbeitszeitvolumens ab. In den untersuchten Unternehmen bestehen Teilzeitarbeitsverhältnisse, deren Umfang zwischen 20 und 80 Prozent desjenigen eines Vollzeitarbeitsverhältnisses beträgt. So konnten allein in einem Unternehmen über 90 Teilzeitvarianten beobachtet werden. Ein standardisiertes Arbeitszeitvolumen im Rahmen der Teilzeitarbeit existiert somit nicht mehr.

Anstelle einer linearen Verkürzung der täglichen Arbeitszeit (z. B. 3,5 Stunden je Arbeitstag) setzt sich in den Unternehmen zunehmend eine neue Struktur der Teilzeitarbeit durch. Diese ist dadurch gekennzeichnet, daß für die Erbringung der Arbeitszeit ein immer größerer Erfüllungszeitraum vereinbart wird. So ist nicht mehr ein tägliches oder wöchentliches Arbeitszeitdeputat fixiert, sondern es wird eine darüber hinausgehende Zeitspanne (Monat, Vierteljahr, Jahr) gewählt, innerhalb der der Arbeitnehmer sein zuvor in absoluten Arbeitsstunden fest definiertes Arbeitszeitvolumen (z. B. 60 Stunden je Monat, 700 Stunden je Jahr) erbringt. Es entstehen auf diese Weise längere Arbeits- und Freizeitblöcke, die sich gegenseitig abwechseln.

Gerade mit der Einführung von Teilzeitarbeit erhält der Arbeitgeber die Möglichkeit, den von ihm nachgefragten Arbeitsbedarf exakt abzudecken, ohne daß von vornherein Überkapazitäten eintreten, wie dies u. U. durch die Einstellung von Vollzeitbeschäftigten geschehen würde. Insoweit entspricht die Teilzeitarbeit allgemein auch der Interessenlage des Arbeitgebers. Auf seiten des Arbeitnehmers gilt es aber zu differenzieren (siehe Reh/Kilz 1992, S. 165 ff.). Soweit das reduzierte Arbeitszeitvolumen auch den Zeitpräferenzen des Beschäftigten entspricht, ist sie auch für ihn vorteilhaft. Nachteilig ist sie aber dann, wenn der Arbeitnehmer eigentlich eine Vollzeitbeschäftigung anstrebt, jedoch die Teilzeitbeschäftigung die einzig realisierbare Beschäftigungsmöglichkeit ist (Second-best-Lösung).

c. Das Teilzeitarbeitsverhältnis mit vertraglich veränderbarem Arbeitszeitvolumen

In insgesamt sechs der untersuchten Betriebe haben die Mitarbeiter die Option, das Arbeitszeitvolumen innerhalb eines bestimmten Zeitraumes (Monat, Vierteljahr, Jahr) jeweils neu zu fixieren, wobei dies in der Regel mit den übrigen Mitarbeitern abgesprochen werden muß. Da aber für die Abänderung immer eine entsprechende neue vertragliche Vereinbarung, also ein zusätzlicher Rechtsgrund, mit dem Arbeitgeber geschlossen werden muß, liegt ebenfalls ein starres Arbeitszeitvolumen vor.

2. Das beschränkt flexible Arbeitszeitvolumen

a. Das Teilzeitarbeitsverhältnis mit Rückkehroption zur Vollzeitarbeit

In vier der untersuchten Betriebe hat sich ein neuer Teilzeittypus dergestalt durchgesetzt, daß Arbeitnehmer, die von einem Vollzeitarbeitsverhältnis in ein Teilzeitarbeitsverhältnis wechseln, zugleich einen vertraglichen Anspruch auf Rückkehr zum ursprünglichen Arbeitszeitvolumen erlangen. Dies geschieht in der Weise, daß der Arbeitgeber ihnen von vornherein eine vertragliche Rückkehroption einräumt, die sie dann im Bedarfsfall ausüben können, ohne daß es einer zusätzlichen neuen Vereinbarung bedarf. Da diese Veränderungsmöglichkeit insgesamt nur ein einziges Mal ausgeübt werden kann, also die permanente Abänderbarkeit nicht besteht, liegt bei dieser Teilzeitform lediglich ein beschränkt flexibles Arbeitszeitvolumen vor.

b. Die flexible Altersgrenze und der gleitende Übergang in den Ruhestand

Die Arbeitszeitform der flexiblen Altersgrenze hat zum Inhalt, daß die Ruhestandsgrenzen nicht mehr unverrückbar vom Lebensalter bestimmt werden. Statt dessen wird vielfach ein zeitlicher Rahmen vorgegeben, in dem die Arbeitnehmer eigenverantwortlich bestimmen können, wann sie ihre erwerbswirtschaftliche Tätigkeit einstellen wollen (Reh/Kilz 1992, S. 121). Bei dieser Arbeitszeitform erfolgt der Austritt aus dem Erwerbsleben gleitend. Die Arbeitnehmer haben daher die Option, ihre Arbeitszeit bis zum Ruhestandseintritt sukzessive über einen gewissen Zeitraum zu reduzieren (vgl. auch Stitzel 1987).

In der Praxis der untersuchten Unternehmen zeichnen sich im wesentlichen folgende Strukturen bei der Umsetzung der flexiblen Altersgrenze mit dem gleitenden Übergang in den Ruhestand ab:

- Die Arbeitnehmer haben grundsätzlich die Möglichkeit, ab einem bestimmten Lebensalter von sich aus, ohne daß eine weitere vertragliche Vereinbarung vorliegen muß, ihre Arbeitszeit zu verkürzen. Je nach Unternehmen können die Arbeitnehmer diese Optionen ab dem 56. - 60. Lebensjahr ausüben.

- In den meisten Realisierungsformen sind aus Gründen der besseren Planung des betrieblichen Arbeitskräfteeinsatzes die Reduzierungsstufen vorgegeben. Ausgehend vom vollen Arbeitszeitvolumen (= 100 Prozent) können die Beschäftigten dann in der Regel ihre Arbeitszeit auf 75 Prozent, 50 Prozent bis 25 Prozent verkürzen. Zugleich erlangen sie das Recht, den Zeitpunkt ihres Austritts aus dem Erwerbsleben selbständig festzulegen. Hierbei zeichnet sich als maximale Höchstgrenze das vollendete 70. Lebensjahr ab.

- Grundsätzlich hat die Verringerung der Arbeitszeit für die Arbeitnehmer zur Folge, daß sie ein entsprechend reduziertes Einkommen erhalten würden. Zum Ausgleich dieser Lohneinbußen und zur finanziellen Absicherung erhalten die Arbeitnehmer daher vielfach einen monetären Ausgleich durch den Arbeitgeber in Form eines Zuschusses zum Arbeitslohn. Exemplarisch ist hierfür die sog. „75er-Regelung", bei der die Arbeitnehmer nur noch 50 Prozent der vollen Arbeitszeit tätig sind, jedoch 75 Prozent ihres ursprünglichen Lohnes erhalten.

Da die Beschäftigten somit Mehrfach-Optionen zur Reduzierung ihrer Arbeitszeitdauer erhalten, ist folglich eine gewisse Flexibilität gegeben. Jedoch besteht in den untersuchten Unternehmen kein unbeschränkter Vorrat an Veränderungsoptionen. Vielmehr können die Arbeitnehmer lediglich in bestimmten vorgegebenen Stufen ihre Arbeitszeit verkürzen, so daß die Menge der Abänderungsoptionen von vornherein limitiert ist. Folglich handelt es sich bei der flexiblen Altersgrenze und dem gleitenden Übergang in den Ruhestand bezüglich des Arbeitszeitvolumens um eine beschränkt flexible Arbeitszeitform.

Für den Arbeitgeber hat dieser Gestaltungsansatz den Vorteil, daß er weiterhin auf das bestehende Humankapital zurückgreifen kann, während zugleich der Nachfolger des älteren Arbeitnehmers eingearbeitet werden kann. Dem älteren Beschäftigten wird hingegen die Option eröffnet, autonom über sein Ausscheiden aus dem Erwerbsleben und die konkrete Arbeitszeitdauer zu bestimmen. Er erlangt damit ein hohes Maß an Zeitsouveränität.

3. *Das flexible Arbeitszeitvolumen*

a. *Das Vollzeitarbeitsverhältnis mit Reduzierungsoptionen zur Beschäftigungssicherung*

Im 1994 abgeschlossenen Manteltarifvertrag wurde im Bereich der Metall- und Elektroindustrie erstmalig die Option zu weitergehenden Arbeitszeitverkürzungen ohne Lohnausgleich vereinbart. Durch diese Maßnahme sollen nach Intention der Tarifpartner mögliche Entlassungen von Beschäftigten verhindert werden. Konkret erlaubt der Metalltarifvertrag für sämtliche Unternehmen eine Absenkung der wöchentlichen Arbeitszeit auf bis zu 30 Stunden (Ziffer 1.1 des Tarifvertrages zur Sicherung der Beschäftigung vom 10.03.1994 zwischen der IG Metall und dem Verband der Metall- und Elektroindustrie

Hessen e. V., so nunmehr auch der Tarifvertrag in der Stahlindustrie, in HB Nr. 60 vom 25.03.1996, S. 4), wobei im gleichen Maße eine Verminderung der Monatslöhne und Gehälter eintritt. Zu diesem Zweck können dann im konkreten Bedarfsfall die Betriebspartner durch den Abschluß einer freiwilligen Betriebsvereinbarung die Reduzierung der Arbeitszeit vornehmen. Die Tarifvertragsparteien überlassen also die Entscheidung ausschließlich dem Arbeitgeber und dem Betriebsrat. Als Gegenleistung für die Arbeitszeitverkürzung ohne Lohnausgleich erlangt der Arbeitnehmer für den Gültigkeitszeitraum der zugrundeliegenden Betriebsvereinbarung eine höhere Absicherung seines Arbeitsplatzes, da insoweit betriebsbedingte Kündigungen ausgeschlossen sind (Ziffer 1.2 des oben genannten Tarifvertrages). Dieser Bestandsschutz gilt aber nur dann, wenn für alle Arbeitnehmer eine Verkürzung der Arbeitszeit ohne Lohnausgleich vereinbart wurde.

Daneben erlaubt der Tarifvertrag ferner, daß lediglich nur für bestimmte Betriebsteile bzw. Arbeitnehmergruppen eine Reduzierung der Arbeitszeit erfolgt (Ziffer 2.1). Bei dieser Konstellation entfällt aber der besondere Kündigungsschutz. Statt dessen erhalten die Beschäftigten einen gewissen gestaffelten Teillohnausgleich, der die Einkommensverluste minimiert (Ziffer 2.3).

Diese vorstehend erläuterten tariflichen Regelungen eröffnen folglich von vornherein eine Veränderung des tarifvertraglichen Arbeitszeitvolumens, indem die Betriebspartner eine Reduzierung der wöchentlichen Arbeitszeit vornehmen können. Aus dem Wortlaut des Tarifvertrages kann aber nicht abgeleitet werden, daß diese Veränderungsoption von den Betriebspartnern lediglich ein einziges Mal genutzt werden darf. Gerade der Zweck der Beschäftigungssicherung spricht eigentlich eher dafür, daß den Betriebspartnern ein entsprechend großer Entscheidungsrahmen eingeräumt werden soll, der eine sachgerechte Reaktion auf eintretende Veränderungen in der Beschäftigungssituation sicherstellt. Dies wäre aber nur möglich, wenn sie die Arbeitszeiten auf Dauer mit dem betrieblichen Bedarf in Einklang bringen können, sei es durch weitere Reduzierungen (z. B. von ursprünglich vereinbarten 33 auf 30 Wochenstunden) bzw. durch eine entsprechende Ausdehnung des Volumens (z. B. von vereinbarten 30 auf 33 Wochenstunden). Dies spricht dafür, daß den Betriebspartnern folgerichtig auch eine permanente Gestaltungsoption bezüglich der Dauer eingeräumt wurde, so daß ein flexibles Arbeitszeitvolumen gegeben ist.

b. Das Vollzeitarbeitsverhältnis mit variablem Arbeitszeitvolumen

Einen neuen Ansatz zur Strukturierung der Arbeitszeit enthält nunmehr der Manteltarifvertrag in der Chemischen Industrie vom 24. Juni 1992 (Stand: Februar 1994). Gemäß § 2 I Ziffer 3 des Manteltarifvertrages wird die Möglichkeit zur Einführung einer unterschiedlichen Arbeitszeit gegenüber der ursprünglichen Regelung erweitert. So kann jetzt für einzelne Arbeitnehmergruppen, größere Betriebsteile oder ganze Betriebe abweichend von der regelmäßigen tariflichen Arbeitszeit eine bis zu 2,5 Stunden längere oder kürzere Arbeitszeit durch die Betriebspartner in einer Betriebsvereinbarung festgelegt werden. Soll dies für größere Betriebsteile oder ganze Betriebe gelten, ist zusätzlich die Zustimmung der Tarifvertragsparteien nötig.

Gegenwärtig beträgt die regelmäßige Wochenarbeitszeit 37,5 Stunden. Durch die tarifvertragliche Regelung entsteht jetzt die Option, die Arbeitszeit innerhalb einer Zeitspanne von 35 - 40 Wochenstunden zu fixieren. Der Arbeitnehmer erhält dann einen Lohn, der seiner Arbeitsverpflichtung entspricht. Beträgt seine wöchentliche Arbeitszeit lediglich 35 Stunden, so hat er gegenüber der früheren 37,5 Stundenwoche einen Einkommensverlust, während sein Einkommen mit der Ausdehnung der Arbeitszeit steigt. Mit dieser Regelung im Manteltarifvertrag, die im Ergebnis zu einem variablen, nicht endgültig festgelegten Arbeitszeitvolumen führt, haben die Betriebspartner jetzt die Option, die Arbeitszeit von ihrem Umfang her an die konkret benötigte betriebliche Nachfrage anzupassen. Soweit hierdurch vorübergehend oder ständig eine Arbeitsdauer fixiert wird, die unter dem ursprünglichen Vollzeitvolumen liegt, handelt es sich ebenfalls um eine, wenn auch nur relativ schwach ausgeprägte, Tendenz zur Teilzeitgesellschaft.

c. *Das Job Sharing*

Nach der in § 5 BeschFG enthaltenen Legaldefinition kann von einer Arbeitsplatzteilung (= Job Sharing im engeren Sinne) gesprochen werden, wenn ein Arbeitgeber mit zwei oder mehreren Arbeitnehmern vereinbart, daß diese sich die Arbeitszeit an einem Arbeitsplatz teilen. Ein Job Sharing-Arbeitsverhältnis ist demnach gegeben, wenn sich der Arbeitnehmer aufgrund seines Arbeitsvertrages verpflichtet hat, den ihm zugewiesenen Arbeitsplatz in Abstimmung mit anderen am gleichen Arbeitsplatz Beschäftigten im Rahmen eines vorher aufgestellten Arbeitszeitplanes während der betriebsüblichen Arbeitszeit - aber alternierend - zu besetzen. Dies bedeutet, daß beim Job Sharing im engeren Sinne die Arbeitnehmer selbst darüber bestimmen, wer zu welcher Arbeitszeit den Arbeitsplatz einnimmt. Eine besondere Vereinbarung mit dem Arbeitgeber hierüber braucht daher nicht getroffen zu werden. Von diesem Job Sharing ist das Job Pairing, wo die Arbeitnehmer eine sogenannte Eigengruppe (i.d.R. als BGB-Gesellschaft) bilden, und das Split Level Sharing, bei dem ein Arbeitsplatz nach bestimmten Arbeitsinhalten aufgeteilt wird, zu unterscheiden. Wie bei letzterem ist ferner auch beim Job Splitting (= Aufteilung eines Vollzeitarbeitsplatzes auf mehrere Arbeitnehmer) ein normales starres Teilzeitarbeitsverhältnis gegeben (Danne 1986, S. 12). Daher konnten in den untersuchten Betrieben auch nur zwei Job Pairing-Modelle und ein Split Level Sharing-Modell ermittelt werden.

Beim Job Sharing im engeren Sinne hat sich die Aufteilung eines Arbeitsplatzes auf zwei Arbeitnehmer, die ihren Arbeitseinsatz koordinieren, als Standardform durchgesetzt. In diesem Zusammenhang ist anzumerken, daß bislang lediglich in zwei der untersuchten Betriebe diese Arbeitszeitgestaltung bei Führungskräften zur Anwendung gelangt.

Besondere Erscheinungsformen sind ferner das sog. „Ausbildungsplatz-Sharing" und das sog. „Partner-Sharing". Beim Ausbildungsplatz-Sharing werden die vorhandenen betrieblichen Ausbildungsplätze auf mehrere Personen aufgeteilt, so daß der Bewerberüberhang abgedeckt werden kann und der Lehrstellenmangel abgemildert wird. Beim Partner-Sharing teilen sich die Ehe- bzw. Lebensgemeinschaftspartner einen Arbeitsplatz und füllen diesen kontinuierlich aus, um hierdurch die Anforderungen der Arbeitswelt mit den privaten Belangen (z. B. gemeinsame Kindererziehung) besser koordinieren zu können.

Lediglich in drei Unternehmen konnte festgestellt werden, daß mehr als zwei Arbeitnehmer einen Arbeitsplatz teilen. Demgegenüber zeichnet sich aber insgesamt die Tendenz zu einem gruppenorientierten Job-Sharing-Ansatz ab. Hierbei werden von Anfang an mehrere Arbeitsplätze und damit verbunden auch eine größere Anzahl an Beschäftigten zu einer Einheit zusammengefaßt, die dann autonom, also selbständig, ihre Arbeitszeit organisieren. Hierdurch wird insgesamt der Verteilungsspielraum erheblich erhöht, so daß für die Beschäftigten letztlich eine größere Zeitsouveränität entsteht. Dieser Gestaltungsansatz wird im Einzelhandel und im Produktionssektor praktiziert.

Das Job Sharing weist ein hohes Flexibilisierungspotential hinsichtlich der Arbeitszeitdauer auf, da diese im Ergebnis für jeden einzelnen Arbeitnehmer permanent abänderbar ist. Für die Arbeitnehmer ist das Job Sharing aufgrund der hiermit verbundenen Option, die Arbeitszeit mit nach ihren Präferenzen zu gestalten, uneingeschränkt vorteilhaft (Zuwachs an größtmöglicher Zeitsouveränität).

Für den Arbeitgeber hat das Job Sharing insoweit den Vorzug, daß er selbst nun nicht mehr mit der Arbeitszeitkoordinierung belastet wird, sondern diese vielmehr an die beteiligten Arbeitnehmer übertragen kann (= Senkung des Verwaltungsaufwandes). Nachteile können sich aber aus dem Erwachsen zusätzlicher Kosten ergeben. Primär sind in diesem Zusammenhang erhöhte Anlern- und Ausbildungskosten zu nennen. Diese könnten aber durch eine erhöhte Produktivität der Beschäftigten abgefangen werden (vgl. hierzu Ergenzinger 1993, S. 310).

II. Die Arbeitszeitlage

Nachdem die Entwicklungstendenzen im Bereich des Arbeitszeitvolumens erläutert wurden, werden als nächstes die Gestaltungsansätze im Bereich des chronologischen Faktors dargestellt, wobei ebenfalls eine Unterteilung nach der Flexibilisierungsintensität erfolgt. Insoweit besteht aber von vornherein eine Abhängigkeit zum chronometrischen Faktor dergestalt, daß dessen Flexibilisierungsintensität im gewissen Umfang zugleich die des chronologischen Faktors mitbeeinflussen kann. Soweit schon das Arbeitszeitvolumen eine flexible Eigenschaft aufweist, also die Dauer der Arbeitszeit veränderbar ist, bedeutet dies, daß damit zugleich auch deren Verteilung flexibel wird: Denn jede Veränderung der Arbeitszeitdauer führt automatisch auch dazu, daß sie innerhalb des in Zeiteinheiten aufgeteilten Bezugszeitraumes eine andere, neue Lage einnimmt.

Besonders deutlich wird dies bei der täglichen Arbeitszeitdauer. Beträgt die tägliche Arbeitszeit z. B. 8 Stunden, so führt jegliche Neugestaltung des täglichen Volumens (Verlängerung/Verkürzung) zu einer entsprechenden Verschiebung des Beginns und/oder des Endes der täglichen Arbeitszeit. Es verändert sich folglich auch die Lage der Arbeitszeit. Damit ist also auch insgesamt bezüglich des chronologischen Faktors die Option der Veränderbarkeit gegeben, wenn bereits der chronometrische Faktor der Arbeitszeit das Merkmal der Flexibilität aufweist. Dies bedeutet, daß sämtliche Arbeitszeitsysteme, die als flexibel bezüglich ihres chronometrischen Faktors bewertet wurden, zugleich diese Flexibilisierungsintensität zumindest auch hinsichtlich des chronologischen

Faktors aufweisen. Um daher Wiederholungen in der Darstellung zu vermeiden, sollen die Gestaltungsansätze, bei denen sich die Flexibilität der Lage ausschließlich aus der Veränderbarkeit ableitet, nicht mehr besonders diskutiert werden. Da es sich bei der Teilzeitarbeit um ein Arbeitsverhältnis handelt, welches sich von der Vollzeit lediglich durch ein reduziertes Volumen unterscheidet, kann sie daher auch nicht a priori - wie dies vielfach geschieht - schon als flexible Arbeitszeitform bewertet werden. Denn allein die Absenkung der Arbeitszeitdauer ist zunächst für den Flexibilisierungsaspekt ein neutraler Umstand und sagt nichts über den Grad der Abänderbarkeit aus. Diese bestimmt sich vielmehr aus weiteren Gestaltungsoptionen, die zusätzlich mit in die Gesamtstruktur des Arbeitszeitmodells integriert sind. Es gilt daher die Aussage, daß die Teilzeitarbeit ihren Flexibilisierungcharakter bezüglich des chronologischen Faktors erst im Zusammenwirken mit weiteren Systemelementen erhält, die ebenfalls auch bei der Vollzeitarbeit auftreten. Insoweit hängt die Flexibilität von der zugrundeliegenden Kombination der Gestaltungsansätze ab.

1. Die starre Arbeitszeitlage

a. Die standardisierte Teilzeitarbeit

Bei der standardisierten Teilzeitarbeit handelt es sich um Modelle, bei denen die tägliche Arbeitszeit im Vergleich zur Vollzeitarbeit linear abgesenkt wurde, so daß im Ergebnis der Beginn und das Ende der täglichen Arbeitszeit konstant und unveränderbar sind. Es entsteht also ein gleichbleibender Arbeitsrhythmus. Für diese standardisierte Teilzeitarbeit ist die klassische Halbtagsbeschäftigung das typische Modell.

b. Die entstandardisierte Teilzeit

Darüber hinaus haben sich aber gegenwärtig in der Praxis die unterschiedlichsten Verteilungsmuster durchgesetzt. Ein Grund hierfür ist, daß das Arbeitszeitvolumen gerade in den untersuchten Unternehmen nicht mehr standardisiert ist (50 Prozent eines Vollzeitarbeitsverhältnisses), sondern vielmehr unterschiedliche Größen aufweist (vgl. zum folgenden Kilz/Reh 1996, S. 96 ff.).

-   Eine Tendenz, die erkennbar ist, stellt die Vereinbarung von größeren Arbeitsblöcken dar, die sich mit Freizeitblöcken abwechseln. Hierbei arbeitet der Beschäftigte in zuvor exakt vereinbarten Zeitabschnitten (z. B. wie ein Vollzeitbeschäftigter) und hat dafür im Gegenzug an den folgenden Arbeitstagen frei. Entsprechend des gewählten Bezugszeitraumes sind in diesem Zusammenhang verschiedene Ansätze möglich.

    So findet sich eine Verteilung dergestalt, daß der Beschäftigte an drei bzw. vier Tagen je Woche arbeitet und dann an den übrigen Arbeitstagen frei hat. Realisiert wird ferner auch der alternierende Wochenrhythmus, wo der Arbeitnehmer eine Woche tätig ist und dann in der folgenden Arbeitswoche keine Arbeitsverpflichtung besteht. Denkbar ist auch, daß anstelle der Arbeitswoche größere Zeiteinheiten, die sich im alternierenden Rhythmus abwechseln, gewählt werden (Monat, Vierteljahr, Halbjahr).

- Um den mit dem Einsatz von Teilzeitarbeitnehmern verbundenen erhöhten Koordinationsaufwand zu begrenzen und zugleich den Personaleinsatz übersichtlich zu gestalten, findet immer mehr das Modell der sog. Komplementärteilzeitarbeit Anwendung. Hierbei wird ein Vollzeitarbeitsplatz beispielsweise in zwei Teilzeitarbeitsplätze aufgespalten, so daß die Summe der von den Beschäftigten zu leistenden Arbeitsstunden immer dem Umfang des Vollzeitarbeitsverhältnisses entspricht. Das Arbeitszeitvolumen kann entweder zu gleichen Teilen oder aber unterschiedlich auf die einzelnen Arbeitnehmer verteilt werden. Letzteres hat zur Folge, daß dann die Erhöhung des Arbeitszeitvolumens zu einer Reduzierung des anderen Volumens führt. Insoweit besteht eine gewisse Parallelität zum Job Sharing. Im Unterschied zum Job Sharing, bei dem die Arbeitnehmer ihre Leistungsverpflichtung permanent abändern können, besteht hier diese Option jedoch nicht, da das jeweils geschuldete Arbeitszeitvolumen unabänderbar fixiert ist. Auch besteht ferner keine Möglichkeit, dessen Lage zu verändern.

Die Komplementärteilzeit kann dergestalt organisiert sein, daß bereits während eines Arbeitstages der Arbeitnehmerwechsel erfolgt (ein Arbeitnehmer arbeitet vormittags, der andere jeweils nachmittags). Praktiziert werden kann aber auch eine Arbeitsaufteilung, die sich auf die einzelnen Wochentage bezieht. Bei dieser Konstellation arbeitet jeder der Teilzeitbeschäftigten an bestimmten Wochentagen wie ein vergleichbarer Vollzeitarbeitnehmer. Ist ihr vertraglich geschuldetes Arbeitszeitvolumen erfüllt, so haben sie an den übrigen Tagen frei. Während also ein Arbeitnehmer arbeitet, hat dann der jeweils andere frei (Beispiel: Der erste Arbeitnehmer arbeitet von Montag bis einschließlich Mittwoch, der zweite am Donnerstag und am Freitag).

In einem der untersuchten Betriebe wurde die Komplementärteilzeit dergestalt praktiziert, daß drei Arbeitsplätze auf zwei Beschäftigte aufgeteilt wurden. Auf diese Weise konnte eine Erhöhung der individuellen Arbeitszeitvolumen erzielt werden.

Insgesamt zeigen die vorstehenden Ausführungen, daß sich auch innerhalb des starren Teilzeitarbeitssystems eine umfangreiche Variationsvielfalt an Gestaltungsmustern herausgebildet hat.

2. Die beschränkt flexible Arbeitszeitlage

a. Die traditionelle Schichtarbeit auf Teilzeitbasis

Schichtarbeit liegt vor, wenn eine übereinstimmende Arbeitsaufgabe von mindestens zwei Arbeitnehmern erfüllt wird, wobei sich die Arbeitnehmer nach einem feststehenden und für sie überschaubaren Plan ablösen, so daß der eine Arbeitnehmer arbeitet, während für den anderen eine arbeitsfreie Zeit entsteht (BAG, DB 1988, S. 1855). Diese traditionelle Form der Schichtarbeit ist dadurch gekennzeichnet, daß die Schichtdauer auch dem vom einzelnen Arbeitnehmer zu erbringenden Arbeitszeitvolumen entspricht, so daß diesbezüglich keine Abweichungen bestehen. Bezogen auf die Arbeitswoche bedeutet dies, daß die tatsächlich geleistete Arbeitszeit mit der vertraglich geschuldeten deckungsgleich ist, Divergenzen also nicht bestehen.

Da bei der Schichtarbeit die Veränderung der Arbeitszeit von vornherein nach einem bestimmten Rhythmus erfolgt und somit eine stetige Verfestigung der Arbeitszeit eintritt, verfügt diese Arbeitszeitform lediglich über ein beschränktes Flexibilisierungspotential. Gerade zur Absicherung der betrieblichen Nutzungszeiten findet die Teilzeitarbeit gerade im Schichtsystem statt. In diesem Fall entsteht überwiegend anstelle des Zwei- bzw. Dreischichtsystems ein Schichtsystem, das über vier oder mehr Einheiten verfügt, ein sog. Multischichtsystem.

b.   Die Teilzeitarbeit in Verbindung mit der Überarbeit

Mit der Erbringung von Überarbeit, die zu einer vorübergehenden Volumenerweiterung führt, verändert sich auch die Arbeitszeitlage, wobei sie später jedoch wieder ihre Ausgangsstellung einnimmt (= beschränkt flexibel). Jedoch ergibt sich diese Eigenschaft der Teilzeit bereits aus der Veränderbarkeit ihres Volumens. Es handelt sich folglich um ein abgeleitetes beschränkt flexibles Arbeitszeitmodell.

3.   Die flexible Arbeitszeitlage

a.   Die Teilzeitarbeit in Verbindung mit der Freischicht

Unter Freischicht ist eine Arbeitszeitform zu verstehen, bei der das innerhalb eines bestimmten Bezugszeitraumes tatsächlich geleistete und das vertraglich geschuldete Arbeitszeitvolumen voneinander divergieren, so daß innerhalb einer zuvor definierten Zeitspanne ein entsprechender Ausgleich in Form von Freizeiteinheiten zur Synchronisation erfolgt (Beyer 1986, S. 73). Die Kombination von Teilzeitarbeit und Freischichtsystem findet mittlerweile bei den Beteiligten eine immer größere Akzeptanz. Ermöglicht wird die Bildung komprimierter Arbeitsblöcke (z. B. der Mitarbeiter arbeitet genau so lange wie ein Vollzeitbeschäftigter), an die sich dann als Ausgleich entsprechende Freizeitblöcke anschließen. Es entstehen dann alternierende Arbeits- und Freizeitphasen, deren spezifische Lage permanent veränderbar, also uneingeschränkt flexibel ist.

Der Vorteil für das Management liegt neben einer Erhöhung bzw. Sicherung der Betriebsnutzungszeiten vor allem in einer wesentlichen Verringerung des Koordinationsaufwandes und folglich auch der Transaktionskosten, weil anstelle der Synchronisation mehrerer Teilzeitbeschäftigter die Mitarbeiter letztlich für eine gewisse Spanne wie Vollzeitbeschäftigte einsetzbar sind. Aus diesem Grunde entfällt eine detaillierte Einsatzplanung für jeden einzelnen Arbeitstag. Die Mitarbeiter erlangen durch das Freischichtsystem längere arbeitsfreie Einheiten (= Freischichten), die sie individuell nutzen können. Hierdurch erhöht sich ihre persönliche Zeitsouveränität, zumal wenn sie auch ein Mitspracherecht bei der Lage der einzelnen Freischichten erhalten. Mit der Teilzeitarbeit auf Basis der Freischicht wird die Attraktivität der Arbeitsplätze entscheidend verbessert. Gerade im industriellen Sektor dürfte ein derartiger Ansatz mit zu einem wichtigen Argument bei der Stellenausschreibung werden, um genügend motivierte Bewerber anzusprechen.

b. Die Teilzeitarbeit in Verbindung mit der kapazitätsorientierten Arbeitszeit (KAPOVAZ)

Bei der kapazitätsorientierten variablen Arbeitszeit (KAPOVAZ) wird dem Arbeitgeber das Recht eingeräumt, die Arbeitsleistung des Arbeitnehmers entsprechend den real gegebenen betrieblichen Anforderungen festzusetzen (Meyer 1989, S. 31 f.). Es erfolgt somit eine Anpassung der Arbeitszeit an den Arbeitsanfall kraft eines einseitigen Leistungsbestimmungsrechts des Arbeitgebers. Die KAPOVAZ begründet für den Arbeitgeber eine permanent bestehende Option zur Abänderung der Arbeitszeit hinsichtlich ihrer Lage, so daß sie folglich als flexible Arbeitszeit zu bewerten ist.

Bei der KAPOVAZ erhält ausschließlich der Arbeitgeber die Flexibilisierungsoption. Er allein kann damit bestimmen, wann der Beschäftigte seine Arbeitsleistung zu erbringen hat. Erreicht werden kann damit eine optimale Anpassung des Faktors Arbeit an den konkreten betrieblichen Bedarf, so daß „Leerzeiten" von Anfang an vermieden werden können. Diesen unmittelbaren Kostenvorteilen stehen aber mögliche Effizienzverluste bei der Erbringung der Arbeitsleistung auf seiten der Beschäftigten gegenüber. Diese können daraus resultieren, daß aufgrund der für diese ungünstigen Arbeitsbedingungen (große Unsicherheit über den Zeitpunkt des Leistungsvollzuges, reduzierte Planbarkeit des Freizeitverhaltens) ihre Arbeitsmotivation entsprechend sinkt (geringe Identifikation mit der Tätigkeit; vgl. Reh/Kilz 1992, S. 235).

So hat sich als Regelfall von vornherein die Verknüpfung von KAPOVAZ und Teilzeitarbeit durchgesetzt. Hierdurch wird sichergestellt, daß ein nicht benötigtes Arbeitsangebot von vornherein ausgeschlossen ist und damit Mehrkosten vermieden werden. Der Schwerpunkt ihrer Verbreitung liegt primär im Dienstleistungssektor, wobei der Einzelhandel dominiert (Matthies u. a. 1994, S. 149). Zunehmend ist in diesem Bereich die Tendenz erkennbar, längere Bezugszeiträume als die Arbeitswoche oder den Monat zu wählen. Um entsprechend größere Gestaltungsmöglichkeiten zu haben, wird das zu erbringende Arbeitszeitvolumen für eine vierteljährige oder gar halbjährige Zeitspanne definiert.

Neben diesen reinen KAPOVAZ-Arbeitsformen finden sich ferner gerade bei höherwertigen Tätigkeitsfeldern (z. B. im Bankenbereich) Mischsysteme, die ein Teilzeitverhältnis mit KAPOVAZ-Elementen ergänzen. Der Arbeitnehmer erbringt bei diesem Arbeitszeitmodell einmal seine Arbeitsleistung nach einem starren, zuvor fixierten Muster (z. B. 4 Stunden täglich). Zudem hat der Arbeitgeber bei einer veränderten Bedarfslage die Option, darüber hinausgehend die Arbeitszeit des Beschäftigten zu verlängern.

c. Die Teilzeitarbeit in Verbindung mit der „amorphen" Arbeitszeit

Bei der „amorphen", d. h. gestaltlosen, Arbeitszeit wird ausschließlich das Volumen der vom Arbeitnehmer geschuldeten Arbeitszeit für einen zuvor definierten Erfüllungszeitraum festgelegt (Reh/Kilz 1992, S. 146). Die konkrete Verteilung hingegen wird zunächst bewußt offengelassen. Damit ist die vertragliche Arbeitsverpflichtung bezüglich des Umfanges ausschließlich durch die maximale Dauer in Arbeitsstunden fixiert.

Neben dem Arbeitszeitkontingent muß also ferner geregelt werden, in welchem Zeitraum (= Bemessungszeitrahmen) der Arbeitnehmer seine Arbeitsleistung vollständig zu erbringen hat. Nachdem sowohl das Arbeitszeitvolumen als auch der Erfüllungszeitraum feststehen, sind als nächster Schritt nun die wesentlichen Elemente des Verteilungsverfahrens zu bestimmen. Als Eckpunkte sind hierbei im wesentlichen folgende Ansätze möglich:

- So kann sich die Verteilung der Arbeitszeit zunächst an den betrieblichen Interessen orientieren, indem der Einsatz der Arbeitskräfte an die jeweils bestehende Bedürfnislage angepaßt wird. Insoweit ermöglicht die „amorphe" Arbeitszeit eine bessere Koordination des Faktors Arbeit mit dem konkreten Bedarf. Je nach der Intensität dieser Nachfrageanpassung werden folglich innerhalb des amorphen Arbeitszeitsystems die Elemente der KAPOVAZ verstärkt. Bei dieser Konstellation dominiert daher die Kapazitätsorientierung.

- Ferner besteht die Option, daß sich die Strukturierung der Arbeitszeit an den Mitarbeiterbedürfnissen orientiert, also für die Arbeitnehmer zusätzliche Potentiale zur Realisierung ihrer Zeitsouveränität erschließt. Bei diesem Verteilungsansatz steht dann die Bedarfsorientierung bezüglich der Arbeitnehmerinteressen im Vordergrund. Es entsteht also eine Parallele zu der Gleitzeitarbeit.

- Daneben ist auch ein Verteilungsmodus realisierbar, der sowohl Elemente der Kapazitätsorientierung als auch Elemente der Bedarfsorientierung (= Zeitsouveränität) beinhaltet und beide Ansätze miteinander verbindet. Dies ermöglicht, daß die jeweiligen Interessen des Arbeitgebers wie auch die der Arbeitnehmer angemessen berücksichtigt werden können und entsprechende Ungleichgewichtslagen, die einen latenten Unsicherheitsfaktor für das dauerhafte effiziente Funktionieren dieses Arbeitszeitsystems bilden können, von vornherein ausgeschaltet werden (zur Bedingung einer ausgewogenen Interessenberücksichtigung als Effizienzvoraussetzung siehe allgemein Marr 1993, S. 16 ff.).

Da bei der „amorphen" Arbeitszeit lediglich das zu leistende Arbeitszeitvolumen vorgegeben ist, besteht folglich hinsichtlich der Lage der Arbeitszeit eine permanente Abänderungsoption. Sie ist folglich als flexible Arbeitszeitform zu bewerten. Die „amorphe" Arbeitszeit beinhaltet eine Vielzahl von Flexibilisierungsoptionen, die sowohl für den Arbeitgeber aus betriebswirtschaftlichen Gesichtspunkten als auch für den Arbeitnehmer aus Gründen einer größeren Zeitsouveränität interessant sind. Welche Position schließlich überwiegt, hängt letztlich von der Wahl der vorstehend erläuterten Gestaltungsansätze ab.

d.   Die Teilzeitarbeit in Verbindung mit der einfachen Gleitzeit

Die einfache Gleitzeitarbeit ist eine Arbeitszeitform, bei der der einzelne Arbeitnehmer die Möglichkeit erhält, innerhalb einer bestimmten Zeitspanne (Gleitspanne) den Beginn wie das Ende der täglichen Arbeitszeit frei zu wählen, wobei das tägliche Arbeitszeitvolumen konstant bleibt (Hoff 1983, S. 82).

Somit ist bei der einfachen Gleitzeit die Lage der täglichen Arbeitszeit permanent abänderbar, so daß es sich auch um ein flexibles Arbeitszeitmuster handelt. Da hierdurch ausschließlich den Beschäftigten die Veränderungsoptionen zugewiesen werden, also deren Zeitsouveränität erhöht wird, ist sie auch primär an den Arbeitnehmerinteressen orientiert.

Der einfachen Gleitzeitarbeit kommt im Hinblick auf ihren Verbreitungsgrad nur noch eine rudimentäre Bedeutung zu, da sie immer mehr durch die qualifizierte Gleitzeitarbeit verdrängt wurde. Dies gilt primär für den Verwaltungsbereich. Ein gewisses Entwicklungspotential zeichnet sich aber im Produktionsbereich ab, obwohl ursprünglich vielfach der Standpunkt bestand, daß die Implementierung dieser Arbeitszeitform von vornherein gar nicht möglich ist (vgl. zu diesem Thema Kohl/Schanzenbach 1984). Denkbar wäre, daß hier innerhalb enger Gleitspannen (z. B. 30 Minuten) Gleitzeitoptionen eingeführt werden.

Insgesamt trägt die einfache Gleitzeitarbeit zu einer gewissen Erhöhung der Zeitsouveränität der Teilzeitbeschäftigten bei.

e.   Die Teilzeitarbeit in Verbindung mit der qualifizierten Gleitzeit

Die qualifizierte Gleitzeitarbeit ist eine Arbeitszeitform, die dem Arbeitnehmer permanente Veränderungsoptionen sowohl über die Lage wie auch über die Dauer der täglichen Arbeitszeit eröffnet (Reh/Kilz 1992, S. 111). Damit wird die Zeitsouveränität auf seiten der Arbeitnehmer erheblich erhöht. Sie kann daher als flexibles Arbeitszeitsystem bewertet werden, das primär an den Interessen der Beschäftigten orientiert ist. Bei der qualifizierten Gleitzeitarbeit kann sowohl die Lage als auch die Dauer der täglichen Arbeitszeit permanent abgeändert werden. Es handelt sich also um eine flexible Arbeitszeitform. Da die Flexibilisierungsoptionen primär den Beschäftigten zugewiesen sind, ist die qualifizierte Gleitzeitarbeit auch ein arbeitnehmerorientiertes Gestaltungsmuster.

Durch sie wird also der Selbstbestimmungsspielraum der Teilzeitarbeitnehmer beträchtlich gesteigert. In welchem konkreten Umfang aber eine Optimierung ihrer Zeitsouveränität zu verzeichnen ist, hängt im wesentlichen von der Ausformung der Kernzeit, der Gleitspannen, des maximalen Zeitguthabens bzw. der maximalen Zeitschulden, sowie der Lage der Ausgleichszeiträume und des Ausgleichsmodus ab.

Die Kernzeit ist die Arbeitszeit, in der die Beschäftigten grundsätzlich an ihren Arbeitsplätzen anwesend sein müssen (Däubler 1995, S. 184). Die Vorgabe von Kernarbeitszeiten hat in erster Linie die Funktion, die Kontinuität der betrieblichen Abläufe von vornherein sicherzustellen und deren Störungen durch eine nicht ausreichende Besetzung der Arbeitsplätze auszuschließen. Daneben dient sie auch der Aufrechterhaltung der betrieblichen Kommunikation. Je länger die Vorgaben der täglichen Kernzeiten sind, desto geringer fallen die Dispositionsmöglichkeiten der Mitarbeiter aus.

Die Gleitspanne ist der Zeitraum, in dem die Beschäftigten den Beginn wie das Ende der täglichen Arbeitszeit selbst festlegen können (Ergenzinger 1993, S. 292). Sie ist den Kernzeiten unmittelbar vor- bzw. nachgeschaltet. Damit ist auch ihr Umfang entscheidend für das konkrete Flexibilisierungsniveau der jeweiligen Gleitzeitmodelle. Dieses wird mit steigender Gleitspanne immer höher, da sich hierdurch die Anzahl der individuellen Gestaltungsmöglichkeiten erhöht.

Das Zeitguthaben definiert die vom individuellen Arbeitnehmer erbrachte und angesammelte Arbeitsleistung in Zeiteinheiten (Stunde, Minute), die über die vertraglich geschuldete Arbeitsleistung hinausgeht (vgl. auch zum folgenden Kilz u. a. 1993, S. 238 ff.).

Die Zeitschulden definieren das Defizit zwischen der tatsächlich erbrachten und der vertraglich geschuldeten Arbeitsleistung in Zeiteinheiten (Stunde, Minute).

Der Ausgleichszeitraum gibt die Zeitspanne wieder, innerhalb derer eine Synchronisation zwischen der tatsächlich erbrachten und der vertraglich geschuldeten Arbeitszeit zu erfolgen hat (Kilz u. a. 1993, S. 241). Mit dessen zunehmender Größe bietet sich für die Beschäftigten im gleichen Maße die Chance, die Arbeitszeitgestaltung noch intensiver an ihren persönlichen Vorstellungen zu orientieren, indem z. B. das angesparte Zeitguthaben nicht sofort abgerufen werden muß, sondern längerfristig eingeplant und eingesetzt werden kann. Der Ausgleichsmodus legt das Verfahren fest, wie insbesondere das Zeitguthaben abgebaut wird und welche Vorgaben hierfür zu beachten sind.

Soweit seitens des Managements durch eine offene und großzügige Gestaltung dieser Rahmenbedingungen eine maximale Autonomie eröffnet wird, bietet die qualifizierte Gleitzeitarbeit ein Höchstmaß an Zeitsouveränität für die Beschäftigten. Insoweit nähert sie sich zunehmend der „amorphen" Arbeitszeit an. Der Hauptverbreitungsgrad liegt immer noch im Verwaltungssektor, so daß die dort tätigen Teilzeitmitarbeiter automatisch in den Nutzenbereich miteingeschlossen sind. Demgegenüber stellt die qualifizierte Gleitzeit in der Produktionsabteilung eine seltene Ausnahme dar.

f. Die Teilzeitarbeit in Verbindung mit der selbstbestimmten Arbeitszeit bei Trennung von Betriebs- und Arbeitsstätte

Unter der selbstbestimmten Arbeitszeit bei Trennung von Betriebs- und Arbeitsstätte können all diejenigen Arbeitszeitmodelle zusammengefaßt werden, bei denen der Beschäftigte aufgrund der Verlagerung seiner Tätigkeit aus der betrieblichen Sphäre (Externalisierung) in einem größeren Umfang die Chance erhält, seine Arbeitszeit völlig autonom zu gestalten (Reh/Kilz u. a. 1990, S. 18). Eine derartige selbstbestimmte Arbeitszeitgestaltung ist insbesondere bei der Telearbeit (Telecommuting) gegeben. Die *Telearbeit* ist dadurch gekennzeichnet, daß der „Telearbeiter" seine Arbeitsleistung in räumlicher Abspaltung vom Betrieb durch die Benutzung informationstechnischer Endgeräte erbringt, wobei zwischen ihm und seinem Arbeit- bzw. Auftraggeber eine telekommunikative Verbindung besteht (Kilian/Borsum/Hoffmeister 1987, S. 403).

Bei der Telearbeit ist die Lage permanent durch den Arbeitnehmer veränderbar, so daß eine hochflexible Arbeitszeitform vorliegt. Da die Verteilung des zu leistenden Arbeitszeitvolumens völlig unabhängig von den betriebsorganisatorischen Rahmenbedingungen erfolgen kann und lediglich durch die mit der Aufgabenstellung verbundene Zielvorgabe beeinflußt wird, wird somit ein maximales Flexibilisierungspotential erschlossen. Die selbstbestimmte Arbeitszeit bei Trennung von Betriebs- und Arbeitsstätte zeichnet sich dadurch aus, daß der Arbeitgeber keinerlei Einfluß auf die Gestaltung der Arbeitszeit hat. Die Beschäftigten erhalten ein hohes Maß an Zeitsouveränität, da sie allein die Flexibilisierungsoptionen ausüben können, so daß diese Arbeitszeitform primär an den Interessen der Arbeitnehmer orientiert ist.

Während die Telearbeit zunächst aufgrund der Kosten des technischen Equipments (Hardware, Software) nur eine marginale Bedeutung hatte, änderte sich dies ab Mitte der achtziger Jahre aufgrund des rapiden Preisverfalls bei gleichzeitiger Verbesserung der Leistungsfähigkeit (vgl. zur Entwicklung der Telearbeit Wedde 1994, S. 36 ff.). Hierdurch besteht nun die Möglichkeit, umfassend bislang im Betrieb angesiedelte Tätigkeiten zu externalisieren.

Der Schwerpunkt der ausgelagerten Arbeitsplätze liegt gegenwärtig noch im Bereich der reinen Sachbearbeitung, wo kein permanenter Kontakt zum Kunden oder Mitarbeiter erforderlich ist, und auch reine Schreibarbeiten (Texterfassung und -bearbeitung) werden in Form der Telearbeit erledigt (Ergenzinger 1993, S. 343).

Darüber hinaus erfolgt bereits in Unternehmen die Durchführung von Service- und Wartungsaufgaben bezüglich der Datenverarbeitung von außerhalb. Insbesondere für die in der Softwareentwicklung und -pflege tätigen Arbeitnehmer stellt sich die Telearbeit immer mehr als ideale Arbeitsform heraus.

Bezüglich der Organisation der Telearbeit als Prototyp der selbstbestimmten Arbeitszeit bei Trennung von Betriebs- und Arbeitsstätte zeichnen sich folgende drei Ansätze ab:

- *Die häusliche Telearbeit*

  Die häusliche Telearbeit stellt die klassische Variante des Telecommuting dar (Reh/Kilz 1992, S. 155 f.). Hier arbeitet der Teleworker ausschließlich in seiner privaten Sphäre. Ein Problem, das sich hierbei abzeichnet und zu Produktivitätseinbußen führen kann, ist die hiermit verbundene zunehmende Isolation und die latente Gefahr einer abnehmenden Identifizierung mit dem Unternehmen (Corporate Identity-Auflösung).

- *Das Satellitenbüro*

  Gerade um diese Gefahren auszuschließen oder zumindest zu minimieren, sind Unternehmen dazu übergegangen, die Telearbeit in Satellitenbüros zu organisieren (Bahl-Benker 1983, S. 572). Bei dieser Konstellation erbringen die Telearbeiter ihre Arbeitsverpflichtung in vom eigentlichen Betrieb losgelösten Büroeinheiten, die sich in unmittelbarer Nähe zu ihrer Wohnstätte befinden und in denen ihnen die technische Ausstattung zur Verfügung gestellt wird. Die räumliche Zusammenfassung der

Teleworker fördert und intensiviert die Kommunikation untereinander und verhindert somit eine Kontaktreduzierung der Beschäftigten auf den rein elektronischen Datenaustausch.

- *Die partielle Telearbeit*

Bei der partiellen Telearbeit wird die reine Telearbeit mit dem traditionellen Arbeitsplatz im Betrieb kombiniert (Wedde 1994, S. 23). Der Arbeitnehmer arbeitet bei dieser Organisationsform alternativ im Unternehmen oder aber zu Hause. Soweit die Arbeitsaufgabe z. B. seine betriebliche Anwesenheit erforderlich macht (Planung und Diskussion von neuen Projekten mit Vorgesetzten oder Kollegen), wird ihm ein Arbeitsplatz zur Verfügung gestellt. Ansonsten erfolgt die Erledigung der Arbeitsaufgaben weiterhin vom häuslichen Arbeitsplatz. Gerade um den Kontakt und die Identifikation mit dem Betrieb dauerhaft abzusichern, kann festgelegt werden, daß der Teleworker in einem bestimmten Rhythmus unmittelbar im Betrieb arbeitet (beispielsweise ein Arbeitstag in der Woche).

Gerade die permanente Weiterentwicklung der technischen Ausstattung in Verbindung mit neuen Konzepten (Datenhighway, Multi-media-Anwendung) deuten darauf hin, daß die Telearbeit zukünftig immer größere Potentiale erschließen und sich damit auf fast alle Tätigkeitsbereiche erstrecken wird. Die Telearbeit könnte sich damit zu einer prägenden Arbeitsform des elektronischen Zeitalters entwickeln (Waniorek 1989, 19 ff.).

Auch wenn bislang wohl noch primär Vollzeitarbeitsplätze von dem Externalisierungsansatz betroffen sind, so dürfte sich dieser in Zukunft auch auf Teilzeittätigkeiten erstrecken. Es entsteht dann ein sog. Teleteilzeitarbeitsverhältnis. Dies könnte konkret derart ausgestaltet sein, daß die Teleworker ihr vertraglich fixiertes (Teilzeit-) Arbeitsvolumen für bestimmte zeitlich befristete und komprimierte Projekte verwenden. Nach deren Beendigung und bis zum Start neuer Aufgaben liegen dann die Freizeitspannen („Zeitinseln"), die sie nach ihren Vorstellungen nutzen können.

C. Gestaltungsansätze und Trends von Teilzeitmodellen nach Branchen

I. Innovative Teilzeitmodelle in der Praxis

In der Eisen-, Metall und Elektroindustrie existieren derzeit überwiegend Teilzeitmodelle mit individuell vereinbartem Arbeitszeitvolumen bezogen auf die tägliche Stundenzahl (z. B. 4 bis 6,5 Stunden). Dabei ergibt sich eine Spanne von 10 bis 40 Stunden pro Woche, die sich i.d.R. auf 2 bis 4 Tage pro Woche verteilen.

Nach wie vor vertreten ist die klassische „Hausfrauenschicht". Darüber hinaus werden zur Verlängerung der Betriebszeiten Teilzeit-Schicht-Modelle mit einer täglichen Arbeitszeit von 4 bis 6,5 Stunden oder aber Teilzeit-Schicht-Modelle mit 8 Stunden pro Tag in Verbindung mit Freischichten (z. B. 2 Wochen täglich 8 Stunden, 2 Wochen frei) angeboten.

Gegenüber diesen starren Teilzeitmodellen setzen sich zunehmend Teilzeitmodelle mit einer höheren Zeitsouveranität und Flexibilität durch. So eröffnet Teilzeitarbeit in Verbindung mit Gleitzeit unter Wahrung der gesetzlichen Höchstarbeitszeiten aufgrund der Ein- und Ausgleitspannen die Möglichkeit, bis zu 15 Stunden in den Folgemonat zu übertragen, um beispielsweise für Brückentage vorzuarbeiten. Inzwischen wurde von einigen Unternehmen ein Übertragungsspielraum von bis zu einem Jahr geschaffen, der einen Langzeiturlaub ermöglicht. Darüber hinaus räumen immer mehr Unternehmen ihren Mitarbeitern die Option ein, unter Berücksichtigung der betrieblichen Belange und Absprache mit Vorgesetzten und Kollegen, ihre Arbeitszeit hinsichtlich der Dauer und/oder Lage monatlich neu festzusetzen.

In den letzten Jahren hat sich die Altersfreizeit oder Altersteilzeit (Teilzeitarbeit in Verbindung mit einem gleitenden Übergang in den Ruhestand) in den Unternehmen zunehmend durchgesetzt. Um das Know-how erfahrener Mitarbeiter trotz möglicher gesundheitlicher Probleme zu sichern, bieten Unternehmen ihren älteren Mitarbeitern an, ihre wöchentliche Arbeitszeit je nach Alter auf bis zu 20 Stunden wöchentlich schrittweise zu reduzieren bzw. die Freizeitspannen zu vergrößern, in dem die Mitarbeiter z.B. alle 14 Tage nachmittags frei haben.

Neben diesen Modellen, die in den nachfolgend aufgezeigten Branchen in ähnlichem Umfang vertreten sind, weist die Chemieindustrie vor allem kombinierte Vollzeit-/Teilzeitsysteme mit zusätzlich eingestellten Teilzeitkräften zur Erweiterung der Betriebszeiten, wöchentlich alternierende Teilzeit-Schicht-Modelle (z. B. 1. Woche Mo./Di. 8 Stunden; 2. Woche Mi./Do./Fr. 8 Stunden) und Teilzeit-Schicht-Modelle ohne tägliche Anwesenheitspflicht auf Wochen-, Monats- oder Jahresbasis unter Einbeziehung von sog. „Block-Freizeit" (mehrere freie Tage am Stück) auf.

Der Handel bietet ebenfalls verstärkt Teilzeitmodelle mit individuell vereinbarten Arbeitszeitvolumen und -verteilung mit der Option an, die Arbeitszeit innerhalb einer bestimmten Stundenzahl (z. B. zwischen 60 bis 160 Stunden im Monat) monatlich neu zu bestimmen. Diese im Vergleich zur klassischen Teilzeitarbeit flexiblere Teilzeitvariante eröffnet einen erweiterten Flexibilisierungsspielraum. Da das veränderbare Arbeitszeitvolumen und deren Verteilung jedoch auf einem jeweils neuen Vertrag beruht, handelt es sich dennoch um ein starres Arbeitszeitmodell. Das Teilzeitmodell des Unternehmens Ludwig Beck am Rathauseck in München gilt in diesem Zusammenhang nach wie vor als Paradebeispiel, da sich der Einsatz der Mitarbeiter nach der Kundenfrequenz orientiert.

In der Branche Dienstleistungen (Banken, Versicherungen) sind mittlerweile verstärkt flexible Formen der Teilzeitarbeit mit unterschiedlichem Stundenaufkommen vertreten, die z.B. auf einer Jahresarbeitszeit (Jahres-Zeitkonto mit Übertragungsmöglichkeit) bei monatlich stetigen Einkommen beruhen. Die tägliche Arbeitszeit kann zwischen 4 und 10 Stunden betragen. Ebenso werden Modelle mit fest vereinbarten Stunden angeboten, deren Lage unter Berücksichtigung der Arbeitsanforderung (in der Tendenz KAPOVAZ) weitgehend freigestellt ist. Darüber hinaus werden Modelle im Halbjahresrhythmus oder im wöchentlichen Rhythmus zwischen Voll- und Teilzeit praktiziert.

Branchenübergreifend setzen sich Teilzeitmodelle für Führungskräfte durch. Die Modelle sind dabei recht vielfältig und reichen von einer regelmäßig bzw. unregelmäßig reduzierten Tages- bzw. Wochenarbeitszeit bis regelmäßig bzw. unregelmäßig reduzierter

Jahresarbeitszeit (z. B. 1 bis 2 Tage pro Woche sind frei; jedes Jahr wird das Stundenbudget neu vereinbart). Während bei regelmäßig reduzierten Wochen- und Monatsarbeitszeiten feste Tage vorgeschrieben werden, an denen der Mitarbeiter anwesend sein muß (i.d.R. 3 Tage die Woche), werden bei der unregelmäßig reduzierten Wochenarbeitszeit i.d.R. 11 bis 13 Tage im Monat vereinbart, von denen ca. 8-10 Tage terminlich vorgegeben werden und ca. 2 bis 3 Tage variabel sind, so daß der Mitarbeiter einen gewissen Teil der Arbeitszeit autonom gestalten kann. Aufgrund des eingeschränkten Flexibilisierungspotentials läßt sich dieses Modell den beschränkt flexiblen Arbeitszeitmodell zuordnen. Zudem existieren Modelle, nach denen eine Führungskraft für zwei Unternehmen wöchentlich alternierend tätig ist. Die kontinuierliche Besetzung durch eine Führungskraft kann durch eine zweite - nach dem gleichen System arbeitende - Führungskraft gewährleistet werden.

II. Trends

Die Entwicklung in den einzelnen Branchen zeigt, daß die Praxis mittlerweile eine Vielzahl an Teilzeitmodellen mit unterschiedlichen Gestaltungsoptionen aufweist. Nach wie vor haben die klassischen Teilzeitmodelle („Hausfrauenschicht", Halbtagsarbeit) einen großen Stellenwert. Jedoch werden diese zunehmend von Modellen mit einer höheren Stundenzahl abgelöst. Somit ist ein allgemeiner Trend hin zu Teilzeitmodellen mit einem *ausgedehnten Arbeitszeitvolumen* (Spannbreite von 60 bis 90 % eines Vollzeitvolumens) erkennbar. Besonders stark vertreten sind diese Modelle bei Führungskräften.

Neben der Abkehr von einer *gleichmäßigen Verteilung* der Arbeitszeit durch alternierende Modelle in Verbindung mit größeren zusammenhängenden Freizeitblöcken wird von Unternehmen eine größere Zeitspanne (Monat, Vierteljahr, Jahr) gewählt, innerhalb derer der Arbeitnehmer sein zuvor festgelegtes Arbeitszeitvolumen erbringt. Zudem setzen sich Teilzeitarbeitsverhältnisse durch, deren Arbeitsvolumen monatlich neu vertraglich festgelegt werden kann.

Branchenübergreifend zeichnet sich ein Trend zu flexiblen Teilzeitmodellen hinsichtlich ihrer Arbeitszeitlage (chronologischer Faktor) ab, der dadurch gekennzeichnet ist, daß den Arbeitnehmern innerhalb des zunächst starren Teilzeitmodells Optionen eingeräumt werden, die ihm einen Flexibilisierungsspielraum eröffnen:

So ermöglicht Teilzeit in Verbindung mit Gleitzeit, für Brückentage oder einen verlängerten Urlaub vorzuarbeiten. Die Nutzung dieser Optionen seitens der Arbeitnehmer richtet sich dabei jedoch i.d.R. nach den betrieblichen Belangen, so daß Teilzeitarbeit eine Tendenz zur kapazitätsorientierten variablen Arbeitszeit (KAPOVAZ) aufweist. Ferner werden Teilzeitvarianten angeboten, bei denen das vereinbarte Arbeitszeitvolumen in einen fixen, terminlich vorgegebenen Stundenanteil und in einen variablen Stundenanteil aufgeteilt wird, dessen Lage der Arbeitnehmer weitestgehend selbst bestimmen kann.

Im Rahmen neuer Gestaltungsansätze ist vor allem auf die verstärkt praktizierten Sonderformen der Teilzeitarbeit bzw. Modelle mit Teilzeitcharakter, wie das „Job Sharing" (Partnerteilzeit) und „Tandemarbeit" (Komplemetärteilzeit) hinzuweisen, deren Merkmal die Besetzung eines Vollzeitarbeitsplatzes durch zwei oder mehrere Arbeitnehmer ist. Wesentliche Unterschiede beider Modelle bestehen darin, daß beim Job Sharing die Arbeitnehmer die Arbeitszeit individuell untereinander hinsichtlich des chronometrischen und chronologischen Faktors aufteilen können. Die Tandemarbeit ist hingegen dadurch gekennzeichnet, daß zwei oder mehrere Teilzeitkräfte die Aufgaben eines Vollzeitarbeitsplatzes stets zeitlich versetzt hintereinander (bezogen auf den Tag oder die Woche) wahrnehmen, so daß ein starres Arbeitszeitmodell vorliegt. Insbesondere die Tandemarbeit hat im Vergleich zum Job Sharing in den letzten Jahren in allen Branchen vergleichsweise großen Anklang gefunden.

Die bisherigen Modelle haben gezeigt, daß Teilzeit vor allem dazu genutzt wird, die Betriebszeiten (z. B. durch die Kombination von Voll- und Teilzeit-Modelle) zu erweitern. Darüber hinaus setzt sich bei Unternehmen zunehmend die Sichtweise durch, Teilzeitarbeit als Instrument des Personalmarketing anzubieten. Dies zeigt sich daran, daß in Unternehmen verstärkt Teilzeitmodelle praktiziert werden, die ebenso den Arbeitnehmerpräferenzen entgegenkommen. So existieren insbesondere in der Branche Dienstleistungen familienfreundliche Teilzeitmodelle, die es dem Arbeitnehmer ermöglichen, entweder während der Kinderbetreuung für 3 Jahre in ein Teilzeitarbeitsverhältnis oder aber jederzeit von einer Vollzeitbeschäftigung auf eine Teilzeitbeschäftigung, unter Einräumung einer vertraglichen Rückkehroption auf das ursprüngliche Arbeitsverhältnis, zu wechseln. Des weiteren ermöglichen Unternehmen ihren älteren Mitarbeitern, ihre Arbeitszeit systematisch im Rahmen der Altersteilzeit zu reduzieren. Darüber hinaus gehen Unternehmen immer mehr dazu über, Berufsanfängern nach abgeschlossener Lehre oder Studium vorübergehend innerhalb eines Teilzeitarbeitsverhältnisses einzustellen. Der Einsatz richtet sich somit nicht mehr zwingend nach der Qualifikation. Vielmehr handeln immer mehr Unternehmen nach dem Grundsatz, daß Teilzeitarbeit prinzipiell auf jedem Arbeitsplatz möglich ist. Auf diese Weise können sich Unternehmen ihr Mitarbeiterpotential erhalten und für die Zukunft sichern.

D. Zusammenfassung und Bewertung

Insgesamt zeigt die obige Darstellung, daß gerade im Bereich der Teilzeitarbeit eine umfangreiche Bandbreite an unterschiedlichen Gestaltungsmustern entstanden ist, die die klassische Teilzeitarbeit in Form der Halbtagsbeschäftigung zunehmend ablösen. Auffällig ist neben den Flexibilisierungsansätzen beim chronometrischen wie chronologischen Faktor vor allem auch die Entstandardisierungstendenz auf die starre Arbeitszeit, wo sich ebenfalls die unterschiedlichsten Verteilungsmuster beim Volumen durchsetzen. Die bloße lineare Reduzierung der täglichen Arbeitszeit wird hierbei substituiert durch die Schaffung zentrierter Arbeitseinheiten, in denen der geschuldete Leistungsumfang durch den Arbeitnehmer erbracht wird. Damit hat gegenwärtig bei der allgemeinen Arbeitszeitpolitik wie gerade auch im Bereich der Teilzeitarbeit eine deutliche Beschleunigung in Richtung der Implementierung neuer Konzepte eingesetzt. Dieser Trend dürfte sich wohl auch noch in Zukunft verstärkt fortsetzen, falls die individuellen Arbeitszeitvolumen - wie ausgeführt - weiter reduziert werden. Denn zur Sicherung der Kontinuität der betrieblichen Wertschöpfungskette und der Aufrechterhaltung der Nutzungszeiten bedarf es eines ausgeprägten spezifischen Arbeitszeitmanagements, um den Arbeitseinsatz der größeren Anzahl von Mitarbeitern, die über ein geringeres Arbeitszeitvolumen verfügen, zu steuern und eine ständige Besetzung der Arbeitsplätze zu sichern. Dies bedingt von vornherein die Schaffung eines ausreichend großen Reaktionsspielraumes, um auf sich aktuell ergebende Konstellationen angemessen reagieren zu können. Ein wichtiges Handlungsinstrument stellt folglich in diesem Zusammenhang die Arbeitszeitflexibilisierung dar, weil durch sie entsprechende Gestaltungsoptionen eröffnet und bereitgehalten werden. Daneben trägt ebenfalls zu einer Entlastung des Managements die zunehmende Entstandardisierung des Volumens bei. Diese ermöglicht die Bildung längerer Arbeitsblöcke, in denen der Teilzeitworker wie ein Vollzeitbeschäftigter tätig ist und somit der punktuelle Koordinationsbedarf abgesenkt wird.

Zusammenfassend wird deutlich, welche Folgeeffekte sich aus der vermehrten Implementierung von Teilzeitmodellen ergeben: Neben einer Entstandardisierung tritt ein massiver Flexibilisierungsschub beim chronometrischen wie vor allem beim chronologischen Faktor ein. Ausgelöst wird dieser aber nicht nur durch die betrieblichen Belange (Koordinierung des Arbeitseinsatzes), sondern auch durch die artikulierten Mitarbeiterbedürfnisse. Denn mit einer an ihren Präferenzen orientierten flexiblen Gestaltung der Arbeitszeit tritt eine qualitative Optimierung ihrer Zeitsouveränität ein, so daß ihr individueller Nutzen ansteigt. Je stärker sich also der bereits erkennbare Trend zur Teilzeitgesellschaft aufgrund der beschriebenen Impulse (ökonomische Chance für die Unternehmen, Aspekt der Zeitsouveränität, Beschäftigungssicherungsstrategien) fortsetzt, desto intensiver steigt demnach auch der Gesamtgrad an Flexibilisierungsintensität an. Der Prototyp eines innovativen Teilzeitsystems weist in seinen Strukturen als Ausgangsbasis als erstes ein entstandardisiertes Arbeitszeitvolumen auf, wodurch die Uniformität der traditionellen Halbtagsbeschäftigung aufgehoben wird. Anstelle der linearen Halbierung der Arbeitsstunden innerhalb der als Bezugszeitraum festgelegten Kalenderwoche treten - wie es sich bereits gegenwärtig andeutet - mannigfaltige Volumenvarianten (z. B. 90, 80, 70 Prozent des Vollzeitumfanges), die innerhalb immer größerer Ausgleichszeiträume fixiert werden (z. B. Kalenderjahr). Hierauf aufbauend erlaubt als nächstes die Verknüpfung der Teilzeitarbeit mit ergänzenden flexiblen Gestaltungsansätzen (arbeitnehmer- und/oder arbeitgeberorientiert) die Realisierung des angestrebten wie benötigten Flexibilisierungsniveaus. Das zukünftige Teilzeitsystem wird also auch durch die integrierten Flexibilisierungsoptionen gekennzeichnet sein, die eine rasche Anpassung und Ausrichtung an die Bedürfnisstrategie der beteiligten Akteure gewährleistet.

Der Weg in die Teilzeitgesellschaft bedeutet also parallel die Expansion der Entstandardisierung wie der Flexibilisierung der individuellen Arbeitszeitmuster, wodurch im Ergebnis die Uniformität der Arbeitszeiten endgültig durchbrochen wird. Auch verändert sich des weiteren die allgemeine Bewertung der Teilzeitarbeit, die gerade von den Gewerkschaften aufgrund der langjährigen Präferierung der traditionellen Vollzeitarbeit als negativ eingestuft worden ist. Durch die Wahl höherer Volumenvarianten und die Ausübung flexibler Gestaltungsoptionen bei der Verteilung wird nämlich ein wichtiger Beitrag zum Ausbau der Zeitsouveränität erbracht, der für die Beschäftigten erhebliche Nutzenvorteile bietet. Dieser Umstand und der Aspekt des Arbeitsplatzerhaltes lassen daher auch auf seiten der Gewerkschaften zunehmend den ursprünglichen Widerstand schwinden, was vor allem in dem bahnbrechenden Metalltarifvertrag zur Beschäftigungssicherung zum Ausdruck gekommen ist.

Prognostizierend ist demnach die Feststellung schlüssig einer stetig ansteigenden positiven Bewertung der Teilzeitentwicklung durch die betroffenen Akteure. Inwieweit aber letztlich die angestrebten Nutzensteigerungen tatsächlich realisiert und gesichert werden, hängt entscheidend von der kontinuierlichen Akzeptanz der spezifischen Teilzeitmodelle durch die Beteiligten ab. Konkret setzt dies die äquivalente Berücksichtigung ihrer Interessenlage innerhalb des Arbeitszeitsystems voraus. Für das Management bedeutet dies die Implementierung von gewissen kapazitätsorientierten Verteilungselementen, weil dies zu einer Kostenentlastung und einer optimierten Koordinierung beiträgt, während auf seiten der Mitarbeiter demgegenüber die Steigerung der Zeitautonomie durch Gleitoptionen (= bedürfnisorientierte Elemente) und die Wahl des gewünschten Zeitvolumens im Vordergrund stehen.

Die dargestellten Gestaltungsansätze haben gezeigt, daß innerhalb der Teilzeitsysteme auch ein umfangreicher Handlungsspielraum zur Umsetzung der artikulierten Bedürfnisse grundsätzlich besteht. Es steht eine große Bandbreite an verschiedenen Systemmodulen zur Verfügung, die überwiegend bereits in ihren Grundzügen zur Anwendung gelangen.

Nachdem die theoretisch wie praktisch möglichen Teilzeitmodule, die untereinander zu einem idealen Arbeitszeitsystem zusammengefügt werden können, beschrieben und analysiert wurden, stellt sich als nächstes das Problem der flächendeckenden Realisierung dieser hochinnovativen flexiblen Teilzeitformen. In diesem Kontext ist zu klären, ob hierfür bereits die relevanten Rahmenstrukturen und Einflußfaktoren den notwendigen Reifegrad aufweisen, bzw. wo noch Defizite, die eine Implementierungsbarriere beinhalten, sichtbar sind. Soweit dies erkennbar ist, gilt es ferner entsprechende Lösungsstrategien zu entwickeln, die zunächst die existierende Innovationsblockade effizient abbauen und auf der nächsten Stufe einen Forcierungseffekt auslösen, durch den für die beteiligten Akteure spezifische Anreize zur Erhöhung der Teilzeitakzeptanz gesetzt werden. Eine intensive und umfassende Auseinandersetzung mit diesen Tatbeständen erfolgt angesichts ihrer Wichtigkeit für die effektive und erfolgreiche Verbreitung produktivitätssteigernder Teilzeitmodelle im folgenden Untersuchungsabschnitt.

Teil 3: Die Rahmenbedingungen für die Implementierung von Teilzeitsystemen

A. Ausgangslage

Die Einführung und der Ausbau von Teilzeitsystemen in den Unternehmen wird bestimmt durch die jeweils vorliegenden Rahmenbedingungen, die den Implementierungsprozeß fördern oder aber entscheidend verzögern bzw. gar verhindern. Entscheidend hierfür sind neben den ökonomischen und arbeitsorganisatorischen Aspekten vor allem auch die aktuellen arbeitsrechtlichen Vorgaben (Gesetze, Tarifverträge, Betriebsvereinbarungen), da sie das Aktionsfeld der Arbeitsvertragsparteien primär definieren. Von Relevanz ist ferner der subjektive Faktor, also die Einschätzung und Bewertung der Teilzeitarbeit durch die beteiligten Akteure (Arbeitnehmer, Arbeitgeber, Management) und die hieraus ableitbare Bereitschaft zur Einführung und Akzeptanz konkreter Modelle. Von Bedeutung ist schließlich auch die gesellschaftliche Infrastruktur insbesondere hinsichtlich ihrer Geeignetheit gegenüber flexiblen Teilzeitformen.

B. Die arbeitsorganisatorischen Rahmenbedingungen

Für die Teilzeitverbreitung in den einzelnen Unternehmen sind folgende Aspekte von Bedeutung:

I. Die Errichtung eines strategischen Arbeitszeitmanagements

Eine Vermehrung der Teilzeitarbeitsplätze bewirkt i.d.R. zunächst einen erhöhten Koordinationsbedarf, da nunmehr der Arbeitseinsatz einer größeren Anzahl von Personen geplant und vorbereitet werden muß. Gerade zur Sicherung der Betriebsnutzungszeiten oder zur besseren Anpassung der individuellen Zeitmuster an die aktuelle Auftragssituation geht mit der Teilzeitarbeit auch eine intensive Arbeitszeitflexibilisierung einher. Diese wird sogar noch durch ein Eingehen auf die Mitarbeiterwünsche und durch die Eröffnung von Gleitoptionen gesteigert. Insgesamt wird daher die betriebliche Arbeitszeitorganisation immer mehr zu einer eigenständigen Führungsaufgabe, um die kontinuierliche Besetzung der Arbeitsplätze und die effiziente Deckung des Arbeitskräftebedarfs sicherzustellen. Die Ausdehnung der Verteilungsspannen und die Zugrundelegung von zunehmend offeneren variablen Arbeitszeitsystemen, wie z. B. auf Basis der „amorphen" Arbeitszeit, bedingen bei einem Fortschreiten der Entstandardisierung und Flexibilisierung die Errichtung eines strategischen wie operativen Arbeitszeitmanagements (Kilz/Reh 1996, S. 165). Dies muß genügend ausgebildetes Humankapital aufweisen, welches über das nötige Fachwissen in bezug auf die denkbaren Gestaltungsmuster und die Realisierungsinstrumente verfügt.

Ergänzend bedarf es ferner einer informationstechnologischen Unterstützung, um die anfallende Datenmenge zu verarbeiten. So sind für jeden Arbeitnehmer gesonderte Zeitkonten zu führen, die ständig aktualisiert werden müssen. Dies macht ein qualifiziertes Zeiterfassungs- und Zeitauswertungssystem erforderlich, das aufgrund der Hardware- und Softwarekonfiguration über einen hohen Leistungsstandard zur Bewältigung der aktuellen wie auch künftigen Herausforderungen verfügt.

Bevor also mit der Schaffung innovativer Teilzeitstrukturen begonnen wird, ist als unabdingbare Voraussetzung als erster Schritt ein Arbeitszeitmanagement zu schaffen, welches in personeller und technischer Hinsicht zur erfolgreichen Übernahme der Steuerungsfunktion in der Lage ist. Know-how-Defizite sind daher in der vorgeschalteten Planungsphase durch konkrete Schulungen der Mitarbeiter zu schließen (Fachbücher, Seminare). Bei betriebsspezifischen Problemen bietet sich ergänzend die Inanspruchnahme externer Berater an, mit denen gemeinsam die Arbeitszeitgestaltung organisiert werden kann, die auch den artikulierten Bedürfnissen gerecht wird.

II. Die Teilzeittauglichkeit des Arbeitsplatzes

1. Das Grundproblem der Teilbarkeit

Das entscheidende Kriterium für die Verbreitung reduzierter Arbeitszeiten in den Unternehmen ist die Teilzeittauglichkeit der bestehenden Arbeitsplätze (siehe auch Huth/Schlegelmilch 1989, S. 73 ff.). Dies besagt, daß der von den Beschäftigten zu erledigende Leistungsbereich und die Arbeitsaufgaben auf der Grundlage von Teilzeitsystemen absolviert werden können, ohne daß dies zu effizienzmindernden Auswirkungen auf die Arbeitsproduktivität und zu Störungen des betrieblichen Wertschöfungsprozesses führt. Konkret leitet sich hieraus als Konsequenz das objektive Merkmal der Teilbarkeit der Leistungsinhalte ab. Ist dies zu bejahen, ist die essentielle Basisvoraussetzung für die Implementierung von Teilzeitarbeitsverhältnissen gegeben.

Unproblematisch sind daher Teilzeittendenzen, die primär vom Arbeitgeber ausgelöst werden, weil dann diese Tauglichkeitsprüfung schon vorab vollzogen worden ist. Dies wird deutlich, wenn neue Arbeitsplätze von vornherein als Teilzeitarbeitsverhältnisse konzipiert werden, um Überkapazitäten von Arbeitskräften, die nicht benötigt werden, zu verhindern. Bei dieser Konstellation ist die nahtlose Einbindung in die Betriebsorganisation gewährleistet, da ja gerade durch sie der Teilzeitimpuls ausgelöst wird.

Schwieriger gestaltet sich vor allem aber die Umwandlung von ursprünglichen Vollzeit- in Teilzeitarbeitsplätze. In diesem Kontext stellt sich zunächst die Frage nach einer Veränderung der gegebenen Arbeitsorganisation, um die Erreichung der betriebswirtschaftlichen Ziele zu gewährleisten. Dabei stellt die Aufrechterhaltung bzw. der Ausbau der betrieblichen Nutzungszeiten sowie die Bereitstellung eines den jeweils aktuellen Bedarf deckenden Arbeitskräftepotentials die vorrangigen Regelungsaspekte dar.

Je nach dem Grad und der Verbreitung der angestrebten Arbeitszeitverkürzung (z. B. als Maßnahme der Beschäftigungssicherung) dürften die benötigten Nutzungszeiten nur durch die Einführung oder Erweiterung der Schichtarbeit erreicht werden, so daß als Folge nicht unerhebliche Änderungen der Arbeitsorganisation zu vollziehen sind. Auf der untersten Stufe wäre, falls für ein traditionelles Zweischichtsystem kein Bedarf besteht, die Kombination einer täglichen Vollzeitschicht mit einer Annex-Teilzeitschicht ideal.

Auch bietet sich die Beibehaltung des Einschichtsystems an, bei dem die tägliche Arbeitszeit verlängert wird (z. B. 9 oder 10 Arbeitsstunden) und der Arbeitnehmer dann an anderen Arbeitstagen in der Kalenderwoche weniger arbeiten muß, weil er bereits seine vertragliche Leistungsverpflichtung erfüllt hat (= Umverteilung der Arbeitszeit im Rahmen des Flexi 2-Modells). Möglich ist daneben aber auch die Umstellung auf ein Freischichtsystem, bei dem die Arbeitnehmer größere Freizeitguthaben ansparen können.

Bei einem bereits existierenden Mehrschichtsystem ist bei moderaten Arbeitszeitverkürzungen deren unveränderte Fortführung durch eine Kombination mit dem Freischichtmodell möglich. Bei umfangreicheren Reduzierungen ist aber hingegen bei Aufrechterhaltung der ursprünglichen individuellen Schichtdauer die Gefahr eines überproportionalen Anwachsens der Freizeitguthaben gegeben, so daß die Anzahl der angesammelten Freischichten und ihre spätere Gewährung zu erheblichen Koordinierungsschwierigkeiten führen können. Angesichts dieser absehbaren Folge ist es zur Verringerung dieser möglichen Problemtatbestände angebracht, bereits die jeweilige Schichtdauer zu verkürzen und ergänzend auf ein Multischichtsystem (z. B. 4 oder 5 Schichten) umzustellen. Mit diesem Ansatz wird von vornherein das Entstehen übermäßig großer Freizeitguthaben begrenzt.

Es ist somit erkennbar, daß neben der Schaffung eines spezifischen Arbeitszeitmanagements auch Umstrukturierungen der allgemeinen Arbeitsorganisation im Unternehmen erforderlich sein können, um die Voraussetzungen für ein effizientes Funktionieren der Teilzeitsysteme zu schaffen.

Einen weiteren Aspekt stellt ferner eine Neuausrichtung der Arbeitsorganisation mit dem Ziel dar, das Potential insbesondere für innovative Teilzeitmodelle weiterzuentwickeln.

Dazu gehört eine möglichst homogene Ausgestaltung der jeweiligen Arbeitsschritte hinsichtlich ihres Qualifikationsniveaus. Anderenfalls führt eine Aufspaltung unweigerlich zur Entstehung von Teilzeitarbeitsplätzen, die an die Arbeitnehmer unterschiedliche Anforderungen stellen, die als Folge eine Lohndifferenzierung bewirken. Die Aussicht auf ein geringeres Entgeltniveau könnte sich dann aber negativ auf die Teilzeitbereitschaft der Beschäftigten auswirken. Es ist somit schon von vornherein zu vermeiden, daß die Aufspaltung des Vollzeitarbeitsplatzes dem einen Teilzeitmitarbeiter die qualifizierte Fachaufgabe zuweist, während dem weiteren Arbeitnehmer lediglich vorbereitende bzw. nachbereitende Tätigkeiten obliegen. Diese Problematik besteht insbesondere bei Teilzeitmodellen, die lediglich kurze Arbeitsspannen vorsehen (z. B. 3 Stunden je Arbeitstag). Hierbei tritt der Effekt eines Zeittaylorismus ein, der sich auf die unmittelbare Aufgabenerledigung fortsetzt. Die vorstehend beschriebene Gefahr kann aber ohne spezifische Veränderungen in der Arbeitsorganisation bereits dadurch überwunden werden, daß von Anfang an längere Arbeitsblöcke, an denen sich als Ausgleich entsprechende Freizeitblöcke anschließen, gewählt werden. Dann nämlich bezieht sich die Arbeitsleistung der Beschäftigten auf größere Aufgabenkomplexe, die das gesamte Spektrum des ursprünglichen Vollzeitarbeitsplatzes umfassen und eine Aufspaltung in unterschiedliche Qualifikationsstufen ausschließen. Aus diesem Grund bietet sich eine Verknüpfung der Teilzeitarbeit mit einem System der Freischicht oder der „amorphen" Arbeitszeit an.

Demgegenüber ist es aber auch vorstellbar, daß bewußt eine Aufspaltung bezüglich der fachlichen Anforderungen erfolgen soll. Ein derartiger Ansatz, der dem Split Level-Sharing zugrunde liegt, eröffnet die Chance eines langsamen Hineinwachsens in bestimmte Funktionsbereiche durch den geringer qualifizierten Mitarbeiter (z. B. Berufseinsteiger). Einen weiteren Gesichtspunkt stellt im Zusammenhang mit einer Veränderung der Arbeitsorganisation die Erhöhung des Autonomieumfanges der einzelnen Arbeitsplätze dar, indem der gegebene Grad der Arbeitsteilung und die hierdurch bedingte Abhängigkeit untereinander bei der Leistungserfüllung sukzessive abgebaut werden.

Dies eröffnet bezüglich der Arbeitszeitgestaltung die Chance einer höheren Zeitsouveränität der Beschäftigten und als Folge hiervon eine optimierte Arbeitsmotivation. Erreicht wird dies, indem einzelne Arbeitsplätze, isoliert oder in Gruppeneinheiten zusammengefaßt, abgeschlossenen und komplexeren Aufgabeninhalten zugewiesen werden, die von den Beschäftigten selbständig erledigt werden können (Gedanke des Job Enlargement bzw. Job Enrichment). Ergänzend bietet sich die Einrichtung von Pufferlagern an, die ebenfalls zu einer Abkoppelung der Arbeitsbereiche untereinander beitragen. Auf diese Weise werden die Selbstorganisationsoptionen des Mitarbeiters bzw. der Gruppe ausgeweitet, so daß gerade auch die Arbeitszeit nach ihren Präferenzen auf Basis hochflexibler Gleitzeitmodelle, die auch in ein allgemeines System der „amorphen" Arbeitszeit integrierbar sind, organisiert werden kann. Erst dann wird es möglich, die Teilzeitarbeit mit arbeitnehmerorientierten flexiblen Gestaltungsoptionen zu verknüpfen, die zur Verbesserung der Arbeitsbedingungen beitragen und somit die Akzeptanz im Hinblick auf die Teilzeitstrukturen erhöhen.

Bezogen auf den einzelnen Arbeitsplatz ist zu prüfen, ob die bislang von einem Beschäftigten ausgeführte Tätigkeit grundsätzlich überhaupt aufspaltbar ist und von mehreren übernommen werden kann, ohne daß sich die wirtschaftliche Ausgangslage für das Unternehmen verschlechtert. Dies wäre zu bejahen, falls Störungen des betrieblichen Ablaufes oder aber Einbußen bei der Arbeitsproduktivität eintreten. Das Kriterium der Teilbarkeit ist somit letztlich ausschlaggebend für den Umfang einer erfolgreichen Umsetzung der Teilzeitarbeit in den einzelnen Unternehmensbereichen.

2. Der Produktionsbereich

Unproblematisch ist die Teilbarkeit im Produktionsbereich dort gegeben, wo die Tätigkeiten immer noch stark durch das tayloristische Produktionskonzept geprägt sind und folglich die Arbeit der Beschäftigten von vornherein in einzelne Aufgabenschritte zerlegt ist. Der Arbeitsvorgang ist in überschaubare in sich abgeschlossene Module gegliedert. Sind diese nun beendet, kann unmittelbar im Anschluß ein anderer Arbeitnehmer den vorherigen ablösen und ihn im fortlaufenden Arbeitsprozeß ersetzen. Effizienzmindernde Friktionen sind daher ausgeschlossen. Die grundsätzliche Teilzeittauglichkeit ist damit zu bejahen. Realisierbar sind hierbei sogar lineare Verkürzungen der täglichen Arbeitszeit (z. B. der Beschäftigte ist lediglich 5 Stunden am Arbeitsplatz).

Anders ist die Situation dort zu beurteilen, wo im Zuge der Einführung neuer Arbeitsformen der tayloristische Handlungsansatz überwunden und durch neue Konzepte ersetzt wurde. Ausgelöst durch die diskutierten Reengineeringkonzepte auf Basis der

Lean-Philosophie (Womack/Jones/Roos 1992) finden auch in der Produktion neue Strukturen Anwendung, die zu einer Ausdehnung der individuellen Verantwortungsbereiche (Job Enlargement, Job Enrichment) führen, und die Integration von Modellen der Gruppenarbeit. Die Folge ist eine zunehmende Komplexität der Leistungsinhalte und eine gewisse Annäherung an die eher handwerkliche Fertigung (Remanufacturing).

Die Unternehmen sehen hierin einen entscheidenden Beitrag zur Steigerung der Arbeitsproduktivität, weil das gesamte Leistungspotential der Arbeitnehmer angesprochen und in den Wertschöpfungsprozeß eingesetzt wird. Auch werden parallel die gesamten Arbeitsbedingungen verbessert, weil anstelle einer monotonen Tätigkeit der autonome Wirkungskreis der Beschäftigten erhöht wird. Der hierdurch eröffnete höhere Grad an Selbstverwirklichung beinhaltet zudem zusätzliche Implulse für den Ausbau der Arbeitsmotivation.

Die Kehrseite dieser Ausweitung der individuellen Arbeitsinhalte und ihrer teamorientierten Vernetzung ist aber, daß dann infolge der ganzheitlichen Ausrichtung der arbeitsplatzbezogenen Leistungsziele diese gerade nicht aufteilbar sind, bzw. zur Sicherung der angestrebten Nutzensteigerungen gerade auch mehr separiert werden dürfen. Wäre dies nämlich der Fall, würde die Teilzeitarbeit faktisch zu einer effizienzmindernden Retaylorisierung der Arbeitsabläufe führen, die ja gerade überwunden werden sollte.

Konkret bedeutet dies eine konsequente Orientierung der geplanten Teilzeitmodelle an die umstrukturierte Arbeitsorganisation, indem bei der inhaltlichen Ausformung der Teilzeitarbeit die Komplexität und Einheitlichkeit der individuellen Arbeitsleistung nicht unterbrochen wird. Von vornherein ist damit das Kriterium der Teilbarkeit eingeschränkt nur in dem Maße existent, wie sie mit dem Abschluß der Arbeitsaufträge der einzelnen Mitarbeiter korrespondiert. Insoweit scheint eine rein lineare Verkürzung der täglichen Arbeitszeit als Teilzeitansatz schon von Beginn an ausgeschlossen. Jedoch bedeutet dies nicht zwangsläufig einen generellen Ausschluß von Teilzeitsystemen. Vielmehr ist eine Abstimmung mit den Arbeitsaufgaben speziell durch die Zugrundelegung eines Zeitsystems möglich, bei dem ein entsprechend längerer Verteilungszeitraum für das reduzierte Arbeitszeitvolumen gewählt wird (Beispiel: Der Mitarbeiter ist 3 Wochentage tätig und hat die restliche Woche frei). Bei der Gruppenarbeit ist zudem noch eine interne Absprache zwischen den Teammitgliedern erforderlich.

Problematisch ist die Teilzeitarbeit auch bei reinen Steuerungs- und Kontrolltätigkeiten, wo der Überwachungscharakter den Aufgabenschwerpunkt bildet. Ein zu kurzer Wechselrhythmus beinhaltet eine ständige Neuinstruierung des nachfolgenden Arbeitnehmers über bisher eingetretene Störfälle oder sich abzeichnende Problemtatbestände, um das Risiko von Gefahren und Produktionsunterbrechungen auszuschließen. Ein zu kurzer Wechselrhythmus erhöht somit den Koordinationsaufwand und steigert die Transaktionskosten.

Aus diesem Grunde und zur Vermeidung von Sicherheitslücken wegen eines nur unzureichenden Informationsaustausches sollte ein zu kurzer Wechselrhythmus von vornherein vermieden werden, so daß auch hier Teilzeitmodelle zu implementieren sind, die längere Arbeitszeiteinheiten erlauben (Beispiel: Der Mitarbeiter hat eine tägliche Arbeitszeit von 9 Stunden und erhält anschließend einen Freizeitausgleich durch Freischichten).

3. Der Servicebereich

Ein besonderes Konfliktpotential beinhaltet die Verbreitung der Teilzeitarbeit im Servicebereich, weil dort zur Erledigung der vorgegebenen Aufgaben die Präsenz in Form einer ständigen Ansprechbarkeit gegeben sein muß.

Gerade für Tätigkeiten, die einen intensiven Kundenkontakt bedingen, besteht die Gefahr, daß mit der Einführung von Teilzeitmodellen zugleich für den externen Kunden die unmittelbare Bezugsperson nur noch eingeschränkt zur Verfügung steht und er deshalb an andere Mitarbeiter verwiesen wird, die vielleicht mit der Sachmaterie gar nicht vertraut sind. Die Folge wäre eine radikale Verschlechterung der Beziehung zum Kunden, der hierauf ggf. mit der Abwanderung zum Mitkonkurrenten reagiert. Eine vergleichbare Konstellation ist aber auch bei unternehmensinternen Servicebereichen gegeben, die für die anderen Unternehmensbereiche bestimmte Leistungen erbringen (Profit-Center-Ansatz). Auch hier ist die Gefahr von ökonomischen Effizienzeinbußen gegeben, wenn durch die Verbreitung der Teilzeitarbeit die Kommunikation beeinträchtigt wird. Problematisch ist dieser Aspekt auch bei persönlichen Servicefunktionen (persönliche(r) Assistent(in), Chefsekretär(in)), weil hier eine enge Beziehung zwischen den Beteiligten bestehen muß, um den intensiven Informationsaustausch zu garantieren. Wird eine derartige Stelle geteilt, kann dies ebenfalls zu Störungen der betrieblichen Abläufe führen, wenn durch die Besetzung des Arbeitsplatzes mit mehreren Arbeitnehmern zusätzlich die Gefahr von Informationsverlusten begründet wird oder aber der Vorgesetzte zur Vermeidung dieser Schwierigkeit seine Anweisung jeweils erneut an die Teilzeitbeschäftigten weiterleitet. Im letzteren Fall steigt die Koordinierungs- wie Verwaltungsbelastung beträchtlich an und bedingt eine weitere Inanspruchnahme der betrieblichen Ressourcen. Hinzu kommt ferner, daß ein entscheidendes Element in diesem Tätigkeitsbereich eine Vertrauensbeziehung ist, die erst langsam durch die enge Zusammenarbeit aufgebaut wird. Es könnte sich daher bereits die Personalrekrutierung als problematisch erweisen, weil nicht genügend geeignete Bewerber zur Verfügung stehen, so daß schon aus diesem Grunde die Teilzeitarbeit nicht eingeführt werden kann. Diesen Gedankengang fortführend stellt sich aber auch die Frage, ob eine Vertrauensstellung überhaupt entwickelt werden kann, wenn nämlich die Arbeitsleistung von mehreren Beschäftigten in Teilzeitform erbracht wird. Der hierdurch bedingte Wechsel der Mitarbeiter und die damit einhergehende kürzere Anwesenheit reduzieren die direkten Kontakte und den Kommunikationsaustausch, durch die erst eine persönliche Beziehung geschaffen und gefestigt wird. Insgesamt wird damit deutlich, daß in dem Maße, wie im persönlichen Servicebereich die Etablierung einer engen Vertrauensbeziehung von Relevanz wird, die Teilbarkeitseigenschaft des jeweiligen Arbeitsplatzes aufgrund der hierdurch möglichen negativen Auswirkungen immer kritischer zu bewerten und letztlich abzulehnen ist.

Insoweit sind im Ergebnis die im konkreten Einzelfall gegebenen Rahmenbedingungen für die Bejahung der Teilbarkeit der Arbeitsaufgabe von Bedeutung. Entscheidend ist also, ob es gelingt, trotz der Aufteilung der Tätigkeit eine fundierte Kooperationsbasis zu schaffen.

Es wird folglich deutlich, welche besonderen Schwierigkeiten für die Einführung von Teilzeitarbeit insgesamt im Servicebereich entstehen, weil dort die persönliche Ansprechbarkeit der einzelnen Arbeitnehmer für die Erfüllung der Arbeitsaufgabe prägend ist. Eine Teilbarkeit des Arbeitsplatzes ist konsequenterweise nur in dem Maße gegeben, wie die zu implementierenden Teilzeitsysteme den spezifischen Anforderungen, die sich aus den Strukturen des Servicebereichs ergeben, gerecht werden.

Aus diesem Grunde sollte eine lineare Verkürzung der täglichen Arbeitszeit gerade nicht zugrundegelegt werden, weil hier dann die Kontaktaufnahme durch den Kunden erschwert wird, soweit der zuständige Mitarbeiter zu dem jeweiligen Zeitpunkt nicht anwesend ist.

Zur Vermeidung dieser Problematik ist die Wahl eines Zeitmodells angebracht, bei dem eine größere Variabilität besteht, die die Bildung längerer Arbeitsblöcke erlaubt. Erreicht werden kann dies mit der Zugrundelegung eines Freischichtsystems oder aber mit der „amorphen" Arbeitszeit. Dies eröffnet die Option zur Ausdehnung der Arbeitseinheiten, so daß die Präsenz gegenüber den internen wie externen Kunden gesichert wird. Möglich ist ein Arbeitsrhythmus, bei dem der Arbeitnehmer über einen gewissen Zeitraum (z. B. 1 Monat) wie ein Vollzeitbeschäftigter tätig ist und anschließend einen Freizeitausgleich realisiert.

Überlegenswert ist insoweit ein Jahresarbeitszeitmodell, welches einen hohen Gestaltungsspielraum eröffnet. Um aber dennoch eine kontinuierliche Kundenbetreuung sicherzustellen, ist aber ein enger Informationsaustausch zwischen den Mitarbeitern erforderlich, die sich dann gegenseitig vertreten können. Es sollten aus diesen Gründen mehrere Beschäftigte zu einem Team zusammengefaßt werden, die sich untereinander vertreten und den Aufgabenbereich des fehlenden Mitarbeiters übernehmen können. Die Kunden erhalten also mehrere Ansprechpartner. Dieser Gruppengedanke kann aber darüber hinaus auch auf die Arbeitszeitgestaltung allgemein ausgedehnt werden, soweit in Weiterentwicklung des Job-Sharing-Ansatzes ein Group-Sharing-Modell implementiert wird, wo die beteiligten Arbeitnehmer untereinander das insgesamt zur Verfügung stehende Arbeitszeitvolumen entsprechend ihren Präferenzen aufteilen.

Grundsätzlich kann somit als Ergebnis festgestellt werden, daß auch im Servicebereich von einer Teilbarkeit der Arbeitsplätze auszugehen ist, soweit ein Teilzeitmodell gewählt wird, welches die Bildung längerer Arbeitseinheiten zuläßt und auf diese Weise die Gefahr von abwesenheitsbedingten Funktionsstörungen von vornherein ausschließt. Lediglich dort, wo eine enge persönliche Beziehung und Vertrauensstellung gegenüber dem Vorgesetzten mit der Arbeitstätigkeit verbunden ist, dürfte das Teilbarkeitskriterium im Regelfall nicht erfüllt sein.

4. Der Kreativ- und Wissensbereich

Einen weiteren sensiblen Teilzeittatbestand stellt der gesamte Kreativ- und Wissensbereich (z. B. Softwareentwicklung) dar, wo hochqualifizierte Beschäftigte mit der Lösung komplexer Aufgabenstellungen betraut werden. Dies setzt zwangsläufig eine intensive und längerfristige Auseinandersetzung mit den jeweils anstehenden Problemen voraus, so daß mit der Einführung von Teilzeitmodellen diese notwendige Kontinuität beeinträchtigt und folglich die Arbeitseffizienz gemindert wird.

Konsequenterweise sind auch in diesem Segment nur Teilzeitkonzepte denkbar, die auf die spezifischen Anforderungen eingehen. Konkret heißt dies die Ermöglichung längerer Arbeitsblöcke, die dem Arbeitsprozeß entsprechen und ihn nicht unterbrechen. Als Ausgleich erhalten die Beschäftigten dann entsprechende Freizeitgutschriften, die sie jeweils nach Beendigung ihrer Aufgabe abrufen können. Es ist folglich die Implementierung flexibler Teilzeitmodelle auf Basis der „amorphen" Arbeitszeit angebracht, weil auf diese Weise ein ausreichender Gestaltungsspielraum zur Verfügung steht. Eine bloße lineare Verkürzung der täglichen Arbeitszeit scheidet hingegen aus.

Folglich ist auch im Kreativ- und Wissensbereich von einer Teilbarkeit der Arbeitsplätze auszugehen.

5. Der Verwaltungsbereich

Keine besonderen Schwierigkeiten bestehen bei Aufgaben, die von vornherein in einzelne Schritte gegliedert werden können, ohne daß hierdurch der Arbeitsfluß gestört wird. Dazu zählen die Textverarbeitung, das Büromanagement und die einfache bis mittlere Sachbearbeitung. Hier ist sogar die klassische Halbtagsbeschäftigung vorstellbar. Das Teilbarkeitskriterium ist also uneingeschränkt zu bejahen. Problematischer ist die Teilzeitorganisation bei qualifizierteren Sachbearbeitungsaufgaben (Referententätigkeit, Erstellung von Gutachten), die den Arbeitnehmer jeweils längere Zeiträume in Anspruch nehmen und zudem in Zusammenarbeit mit anderen Mitarbeitern absolviert werden müssen. In diesem Kontext kann ein Teilzeitmodell, welches sich nicht an den besonderen, aus der konkreten Aufgabenerfüllung ableitbaren Anforderungen orientiert, zu nachhaltigen Störungen der betrieblichen Abläufe führen. Es gilt folglich eine eingeschränkte Teilbarkeit der Arbeitsplätze dergestalt, daß anknüpfend an die längere Auftragsbearbeitung entsprechend synchrone Arbeitsblöcke gebildet werden können, die des weiteren mit denen der übrigen Mitarbeiter, die im arbeitsteiligen Prozeß integriert sind, abzustimmen sind.

Eine Teilzeit, die eine reine lineare Verkürzung der täglichen Arbeitsstunden zum Inhalt hat, scheidet daher aus. Praktikabel hingegen sind auch in diesem Bereich folglich Modelle, deren Strukturen ebenfalls die Schaffung längerer Arbeitseinheiten zulassen und somit die Arbeitsgänge nicht behindern. Es bietet sich demnach die Installation vor allem von hochflexiblen Freischichtmodellen oder eines Systems der „amorphen" Arbeitszeit an, die einen maximalen Verteilungsspielraum für das teilreduzierte Arbeitszeitvolumen bieten. Diese können auch wegen des Koordinationserfordernisses der Mitarbeiter untereinander zudem noch mit einem Group-Sharing-Modul komplettiert werden, so daß auch bezüglich der Bestimmung der individuellen Arbeitszeitdauer eine große Flexibilität erzielt wird.

6. Der Führungsbereich

Von einer nicht unerheblichen Sensibilität ist die Teilzeitdiskussion bei Führungsfunktionen, die zudem noch überwiegend von männlichen Personen besetzt werden (vgl. zu dieser Problematik Dellekönig 1995). In diesem Zusammenhang hat sich in den Unternehmen vielfach die tradierte Auffassung durchgesetzt, daß Führungsaufgaben grundsätzlich unteilbar sind bzw. dies zu erheblichen Effizienzverlusten führen dürfte. Dahinter verbirgt sich die Befürchtung einer unzureichenden Mitarbeiterführung und -kontrolle aufgrund der entstehenden Anwesenheitslücken sowie der fehlenden Ansprechbarkeit.

Diese ernstzunehmenden Einwände und Vorbehalte, die auf die latente Gefahr von Nutzeneinbußen hinweisen, müssen daher bei der Planung eines Teilzeitmodells für Führungskräfte konsequent aufgegriffen und gelöst werden. Ansonsten dürfte das Kriterium der Teilbarkeit zu verneinen sein.

Wichtig ist vor allem auch in diesem Zusammenhang eine genügende Berücksichtigung der Komplexität der Arbeitsaufgaben, die durch die Reduzierung des individuellen Zeitvolumens nicht beeinträchtigt werden darf. Eine starre lineare Verkürzung der täglichen Arbeitszeit scheidet daher auch hier bereits im Vorfeld aus. Ein effizientes Funktionieren der Teilzeit ist somit nur auf Basis entsprechender hochflexibler Arbeitszeitsysteme gegeben, die ein ausreichendes Maß an Handlungsoptionen bieten, um auf die jeweiligen Anforderungen angemessen reagieren zu können.

Optimal sind hochflexible Modelle auf Grundlage einer „amorphen" Arbeitszeit, da sie keine Gestaltungsrestriktionen bieten und daher einen geringeren Anpassungsgrad für die Führungskräfte beinhalten. Die Arbeitszeiten können damit sowohl an die betrieblichen Bedürfnisse als auch an die individuellen Präferenzen angepaßt werden. Dies ermöglicht die Bildung längerer Arbeitsblöcke, in denen die Führungskraft wie ein Vollzeitbeschäftigter tätig ist. Hieran schließen sich nachfolgend Freizeitblöcke an, deren Lage und Umfang ebenfalls variabel sind. Als Verteilungszeitraum könnte das Kalenderjahr gewählt werden, wobei ergänzend gewisse Übertragungsmöglichkeiten von Zeitguthaben zugelassen werden können, die später als komplexe Freizeiteinheit (Stichwort: Sabbatical) abgerufen werden.

Eine wichtige Voraussetzung ist aber, daß die Teilzeitkräfte auf der Führungsebene in einem engen Kontakt stehen, weil eine gemeinsame effiziente Bewältigung der Aufgaben nur bei einem umfassenden Informations- und Wissensstand über die aktuellen Sachverhalte und Probleme möglich ist. Ansonsten besteht die Gefahr von Lücken, die zu falschen Beurteilungen und Entscheidungen führen können. Die endgültige Bejahung des Teilbarkeitskriteriums bei Führungspositionen ist damit letztlich im konkreten Fall davon abhängig, ob zwischen den Teilzeitmitarbeitern, die für ein gemeinsames Aufgabengebiet zuständig sind, eine enge Kooperationsbeziehung aufgebaut ist, die einen vollständigen Informationsaustausch gewährleistet. Neben regelmäßig stattfindenden gemeinsamen Treffen oder Konferenzen können Routinemitteilungen durch Einsatz der IuK-Technik gespeichert und transportiert werden (E-Mail-System im Büro oder in der häuslichen Sphäre). Auf diese Weise werden auch spontane Problemtatbestände, die ein Arbeitnehmer alleine gerade nicht bewältigen kann, einer raschen Bearbeitung durch sämtliche Beteiligte zugeführt.

Für die Implementierung von Teilzeitsystemen beim Führungspersonal ist es also entscheidend, daß eine gesteigerte Ansprechbarkeit untereinander gegeben ist und die Beschäftigten auch bereit sind, außerhalb ihrer eigentlichen Arbeitszeit in einem gewissen Umfang für die Bewältigung akuter Schwierigkeiten zur Verfügung zu stehen. Zur Unterstützung ist ferner ein ausreichendes technisches Equipment zu installieren, welches die Kommunikation unterstützt und beschleunigt. Sinnvoll wäre die Ergänzung des Teilzeitkonzeptes durch die Errichtung eines häuslichen Telearbeitsplatzes.

Bezüglich der konkreten Verteilung der Arbeitszeit sollte zur Absicherung der Zeitsouveränität der Schwerpunkt der Entscheidungsfindung bei den beteiligten Mitarbeitern liegen, die sich untereinander absprechen. Für den Arbeitgeber bleibt dann lediglich die Kontrolle hinsichtlich der Übereinstimmung mit den betrieblichen Belangen (z. B. kontinuierliche Besetzung des Arbeitsplatzes). Neben dem Job Sharing bietet sich auch ein Group Sharing an, wenn durch die reduzierten Arbeitszeiten mehrere Führungskräfte zu koordinieren sind. Dies wäre der Fall, wenn beispielsweise 3 Vollzeitarbeitsplätze auf 5 Mitarbeiter aufgeteilt werden.

Grundsätzlich ist somit auch im Führungsbereich die Einführung von Teilzeitsystemen realisierbar.

7. Zusammenfassung und Bewertung

In dem vorstehenden Abschnitt konnte aufgezeigt werden, daß eine Implementierung von Teilzeitsystemen durchgängig in allen Funktionsbereichen möglich ist.

Das Kriterium der Teilbarkeit der Arbeitsaufgaben stellt keine Barriere dar, wenn ein Teilzeitsystem gewählt wird, welches auf die jeweils spezifischen Strukturen des individuellen Arbeitsplatzes eingeht und diese bei der konkreten Arbeitszeitgestaltung mitberücksichtigt.

Die traditionelle Teilzeitarbeit, die lediglich eine lineare Verkürzung der täglichen Arbeitszeit beinhaltet, wird diesen Anforderungen aber nicht gerecht. Statt dessen bietet sich eine Teilzeitkonzept auf Basis der hochflexiblen Arbeitszeitformen an, die von vornherein einen weiten Aktionsspielraum eröffnen, der eine friktionslose Anpassung an den betrieblichen Wertschöpfungsprozeß gewährleistet. Folglich ist es sinnvoll, die Teilzeitarbeit mit den Modellen der Freischicht oder aber der „amorphen" Arbeitszeit zu einem einheitlichen System zu verknüpfen. Auf diese Weise können längere Arbeitseinheiten gebildet werden, die eng mit den objektiven Anforderungen des betrieblichen Wertschöpfungsprozesses korrespondieren und insoweit Friktionen bzw. Störungen von Anfang an vermeiden lassen. Die Arbeitsabläufe werden dann durch die individuellen Arbeitszeitreduzierungen nicht tangiert, weil künstliche Unterbrechungen des Arbeitsflusses ausgeschlossen werden. Vielmehr erhalten die Beschäftigten zum Ausgleich ihrer tatsächlichen Arbeitszeit an die vertraglich geschuldete einen kompensatorischen Freizeitausgleich.

Durch die Entscheidung für hochflexible Teilzeitsysteme, die über einen größeren Verteilungsspielraum (z. B. Kalenderjahr) verfügen und bei denen vorab lediglich das geschuldete Zeitvolumen, nicht aber dessen Lage, vorgegeben ist („amorphe" Arbeitszeit), kann - wie vorstehend dargestellt - die Umwandlung von Vollzeit- in entsprechende Teilzeitarbeitsplätze in fast allen Unternehmensbereichen realisiert werden. Lediglich bei Aufgaben, die eine besonders enge Vertrauensstellung und Absprache voraussetzen, ist die Besetzung eines Arbeitsplatzes mit mehreren Personen wegen der hier erforderlichen intensiven Abstimmung mit dem Fachvorgesetzten sehr problematisch.

Im übrigen aber gilt das Kriterium der Aufspaltbarkeit der Arbeitsaufgaben und -plätze als erfüllt, soweit Teilzeitmodelle zur Anwendung gelangen, die aufgrund ihrer flexiblen Gestaltungselemente eine permanente Anpassung an die betrieblichen Abläufe jederzeit sicherstellen. Damit hängt also die Teilzeitgeeignetheit von Arbeitsplätzen im wesentlichen von der Wahl des zu implementierenden Arbeitszeitmodelles ab. Weist dieses also eine hohe Anpassungsqualität auf, kann als Ergebnis festgestellt werden, daß im Regelfall die Bedingung der Teilbarkeit erfüllt ist und effizienzmindernde Effekte nicht eintreten.

Darüber hinaus wird das jeweilige Teilzeitpotential durch eine Anpassung und Veränderung der Arbeitsorganisation noch ausgedehnt. Die Bildung von teilautonomen Wertschöpfungsstufen durch eine sukzessive Aufhebung und Ersetzung des Taylorismusansatzes durch Konzepte, die zu stärker ganzheitlich orientierten Arbeitsschritten führen, bewirken einen höheren Selbstorganisationsgrad der Beschäftigten als Individuen bzw. als Teammitglieder. Es gelingt also neben einer Abstimmung mit den betrieblichen Bedürfnissen parallel eine Optimierung der Zeitsouveränität, die als Folgewirkung zu einer Erhöhung der Arbeitszufriedenheit beiträgt.

Als Ergebnis wird insoweit deutlich, daß die zunehmende Einführung von Teilzeitmodellen mit einem weiteren wesentlichen Effekt verbunden ist, nämlich mit einem Anstieg des betrieblichen Flexibilisierungsniveaus.

Es entstehen damit hochdynamische Arbeitszeitsysteme, die eine permanente Anpassung der Zeitstrukturen an die aktuellen betriebswirtschaftlichen Notwendigkeiten wie auch an die Mitarbeiterpräferenzen garantieren. Dieser Effekt beinhaltet daher für alle beteiligten Akteure die Chance zur Realisierung von Nutzensteigerungen. Ferner stellt die Flexibilisierung der Arbeitszeit eine conditio sine qua non für eine umfassende Verbreitung der Teilzeit in sämtlichen Unternehmensbereichen dar, weil nur auf diese Weise ein genügender Anpassungsspielraum bezüglich der Arbeitsabläufe gegeben ist, der erst zur Erfüllung des Teilbarkeitskriteriums beiträgt. Es kann die Feststellung getroffen werden, daß erst mit der Flexibilisierung und Dynamisierung der Arbeitszeiten wie auch der gesamten Arbeitsabläufe die Teilzeitgeeignetheit geschaffen wird.

Die weitere Konsequenz aus dieser Entwicklung ist der Anstieg des Koordinierungsbedarfs, der durch das Unternehmen bewältigt werden muß. Dieser resultiert aus dem Umstand, daß mit der Verkürzung des Arbeitszeitvolumens der Arbeitseinsatz durch eine entsprechend höhere Mitarbeiterzahl zur Sicherstellung der Betriebsnutzungszeiten gesteuert werden muß. Zudem beinhaltet die Flexibilisierung der Arbeitszeiten ebenfalls eine intensive Planung und Dokumentation, um eine kontinuierliche Besetzung der Arbeitsplätze zu gewährleisten. Erforderlich ist unabdingbar ein eigenständiges Arbeitszeitmanagement, welches diese strategischen Funktionen übernimmt.

Soweit die vorstehend aufgeführten Aspekte beachtet und erfüllt werden, stehen folglich objektive arbeitsorganisatorische Argumente einer umfassenden Einführung von Teilzeitmodellen in allen Unternehmensbereichen grundsätzlich nicht entgegen.

Als Fazit bedeutet dies, daß die Teilzeitpräferenzen durchgängig in der betrieblichen Praxis realisierbar sind und noch vorliegende Barrieren unproblematisch beseitigt werden können.

C. Die subjektiven und normativen Rahmenbedingungen

I. Problemkonstellation

Bei den subjektiven normativen Rahmenbedingungen handelt es sich um den Themenkomplex, inwieweit die betroffenen Akteure von ihrer subjektiven Einstellung her, die wiederum durch das gesellschaftliche Normengefüge geprägt ist, die Einführung von Teilzeitmodellen akzeptieren und fördern.

Zwar hat sich die Teilzeitarbeit in vielen Bereichen durchgesetzt, jedoch handelt es sich hierbei vielfach um einfachere Dienstleistungstätigkeiten (z. B. Reinigungsaufgaben, Einzelhandel), die zudem fast ausschließlich von Frauen ausgeführt werden. Ambivalenter wird aber immer noch die Artikulierung von Teilzeitwünschen bei Führungskräften und generell bei Männern angesehen. In diesem Kontext besteht vielfach eine restriktive bis ablehnende Haltung sowohl auf der Arbeitgeberseite wie allgemein im gesellschaftlichen Meinungsbild (vgl. auch zum folgenden Kilz/Reh 1996, S. 157). Deutlich wird dies bei der Teilzeitarbeit für männliche Arbeitnehmer, die gegen das verfestigte gesellschaftliche Rollenverständnis elementar verstößt, weil Männer als Hauptverdiener bezüglich des Familieneinkommens angesehen und somit auf den Vollzeitarbeitsplatz fixiert werden. Ein Abweichen von dieser Zuweisung beinhaltet den Vorwurf mangelnder Leistungsbereitschaft und Motivation, so daß der betreffende Arbeitnehmer einem beträchtlichen Legitimationsdruck ausgesetzt würde. Er muß darlegen, warum er nur noch ein reduziertes Arbeitszeitvolumen absolvieren will. Bei einer späteren Realisierung unterliegt er ferner einem erhöhten Beobachtungsdruck im Hinblick auf seine Arbeitsleistung, wenn die Vorgesetzten insoweit negative Auswirkungen (Produktivitätseinbußen) prognostizieren. Diese Vorbehalte und Einschätzungen finden sich erst recht geschlechtsunabhängig bei der Teilzeitarbeit im Führungsbereich, wo seitens des Arbeitgebers hierin möglicherweise ein Beweis mangelnder Loyalität und Führungsstärke erblickt wird. Diese Vorurteile stärken das latente Beharrungsvermögen im Management und tragen somit zu einer Implementierungsverzögerung bei bzw. schließen diese gar auf Dauer aus. Um also die Teilzeitpotentiale in den Unternehmen vollständig ausschöpfen zu können, ist es folglich unabdingbar, die relevanten Entscheidungsträger zu einer Verhaltensumstellung zu bewegen.

II. Lösungsansätze

Zu diesem Zweck sind im wesentlichen zwei Ansätze zu verfolgen:

Zunächst gilt es die allgemeine gesellschaftliche Einstellung gegenüber der Teilzeitarbeit für Männer und im Führungskräftebereich weiterzuentwickeln und ein positives Image aufzubauen. Erreicht werden kann dies einmal durch eine umfassende Informationspolitik, die die artikulierten Vorbehalte widerlegt und insbesondere auf die Chancen zur Produktivitätssteigerung hinweist (Ergenzinger 1993, S. 300).

So zeigt sich, daß Mitarbeiter, deren Teilzeitwünsche verwirklicht wurden, eine hohe Motivation und Leistungsfähigkeit aufweisen, also gerade nicht als Aussteiger qualifiziert werden können. Aus diesem Grunde wurde eine intensive Informationskampagne durch die Bundesregierung gestartet, um das negative Image der Teilzeitarbeit abzubauen. Ziel war es, auf Chancen der Teilzeitarbeit für das Unternehmen (z. B. Erhöhung der Arbeitsproduktivität) und für den Arbeitnehmer (zusätzliche Zeitsouveränität) hinzuweisen und die Attraktivität dieser Arbeitszeitform zu erhöhen.

Eine gewisse Veränderung der Wertehaltung gegenüber Teilzeitmodellen wird aber ferner durch zwei bereits vorstehend erläuterte Trends unterstützt.

Zum einen zählt hierzu die insbesondere von jüngeren Menschen präferierte höhere Selbstverwirklichung in ihrer Lebensführung, die durch eine Teilzeitbeschäftigung eher realisiert werden kann, weil sich hierdurch der Anteil der Eigenzeit, die autonom genutzt werden kann, ausgedehnt wird.

Zum anderen erwächst aus der sich zunehmend verschärfenden Arbeitsmarktproblematik der Druck, durch eine Verteilung der Arbeit den Bestand an Arbeitsplätzen zu sichern. Dies bedeutet zwangsläufig eine Umwandlung von ursprünglichen Vollzeit- in Teilzeitarbeitsplätze. Dieser beschäftigungspolitische Effekt stößt aber nunmehr auf einen größeren gesellschaftlichen Konsens, der als Resultat die reduzierte Arbeitszeit, insbesondere auch für Männer, als positiv bewertet.

Die tradierte Stigmatisierung der Teilzeitarbeit relativiert sich folglich immer mehr, so daß für die weitere Zukunft die artikulierten Vorurteile gegenüber der Männerteilzeit abnehmen. Um diese Entwicklung zu forcieren, gilt es aber weiterhin Informationsdefizite konsequent zu schließen, um die verfestigte negative Einschätzung umfassend abzubauen. Soweit dies erreicht wird, erfolgt eine entsprechende Rückwirkung auf das Bewußtsein der betrieblichen Entscheidungsträger, die ja auch in den gesellschaftlichen Kontext eingebunden sind und dementsprechend auch von den dort stattfindenden Veränderungsprozessen unmittelbar beeinflußt werden. Dieser Umstand würde folglich mit zu einer positiven Bewertung der Teilzeitwünsche beitragen.

Darüber hinaus erscheint es zur Unterstützung des Teilzeittrends aber auch als bedeutsam, wenn es direkt im Unternehmen gelingt, den Beweis dafür zu erbringen, daß die artikulierten Befürchtungen ökonomischer Nutzeneinbußen völlig unbegründet sind. Realisierbar ist dies durch die Absolvierung gezielter Erprobungsprojekte, durch die empirisch nachweisbare Ergebnisse für die Arbeitsproduktivität der männlichen Teilzeitmitarbeiter sowie für die Teilzeitarbeit im Führungskräftebereich gewonnen werden.

Zu diesem Zweck sollten die beteiligten Akteure eine befristete Testphase initiieren, in der die Auswirkungen und das Funktionieren der Teilzeitmodelle beobachtet und analysiert werden. Auf diese Weise werden abgesicherte Erkenntnisse über die Produktivitätsentwicklung dokumentiert. Auf dieser Datenbasis kann abschließend überlegt werden, ob nun die Teilzeitarbeit weiter implementiert wird. Soweit sich positive Trends bei der Arbeitsproduktivität abzeichnen, dürfte dies wesentlich mit zu einer Verhaltensumstellung beim Management beitragen.

Die Option zu einer ökonomischen Nutzensteigerung bewirkt ferner, daß die Teilzeitgegner im Unternehmen selbst unter einen erheblichen Erklärungsdruck für ihren Standpunkt geraten. Es tritt im Ergebnis eine Beweislastumkehr ein, die sie zwingt, ihre Position zu begründen.

Mit der Einführung von Testphasen und deren positiver Bewertung werden mentale Blockaden gegenüber der Teilzeitarbeit bei Männern und/oder im Führungskräftebereich sukzessive reduziert und die Voraussetzungen für die umfassende Erschließung der Teilzeitpotentiale radikal verbessert.

D. Die gesellschaftliche und soziale Infrastruktur

I. Problemkonstellation

Neben den betrieblichen Rahmenbedingungen wird die Realisierung neuer Arbeitszeitmodelle aber auch durch externe Faktoren bestimmt. Dazu zählt vor allem die gesellschaftliche Infrastruktur, wie sie vom Arbeitnehmer konkret in Anspruch genommen werden kann.

Ein besonderes Konfliktpotential beinhaltet zwar nicht die bloße Volumenreduzierung, wohl aber die mit der Teilzeitarbeit einhergehende Notwendigkeit der Flexibilisierung ihrer Elemente. Vor allem die Arbeitszeitflexibilisierung auf der chronologischen Ebene führt zu einer Auflösung fester Zeitverhaltensmuster, die aber bislang überwiegend der gesellschaftlichen und sozialen Infrastruktur zugrunde liegen. Gerade mit dem Fortschreiten von Flexibilisierungstendenzen, die primär auf die betrieblichen Belange ausgerichtet sind (z. B. Schichtsysteme, KAPOVAZ-Elemente) wird es für die involvierten Beschäftigten immer schwieriger, die Infrastrukturangebote in dem notwendigen Umfang noch nutzen zu können. Deutlich und besonders problematisch ist dies auf der sozialen Infrastrukturebene. Angebote zur Kinderbetreuung und zur Unterstützung bei der allgemeinen Familienpflege (Kranken- und Altenpflege) sind primär auf die Tageszeit fixiert und weisen wie Kindergärten und -horte zudem feste Anfangs- und Endzeiten auf (vgl. auch Matthies u. a. 1994, S. 290). Im Bereich der Krankenpflege zeichnet sich aber aufgrund des verstärkten Einsatzes von mobilen Diensten eine Tendenz zu steigender Flexibilität ab. Insgesamt jedoch herrschen derzeit aufgrund der übrigen festen Zeitvorgaben bei den Einrichtungen der Kinderbetreuung und bei anderen sozialen Institutionen nur geringe flexible Handlungsspielräume. Damit entsteht folglich für die betroffenen Arbeitnehmer, die auf diese Serviceangebote angewiesen sind, eine problematische Dilemmasituation, wenn innerhalb der bestehenden Arbeitszeitverhältnisse die Flexibilisierung der Arbeitszeit oder deren Entstandardisierung unter dem Aspekt der Arbeitgeberorientierung immer weiter fortschreitet. Dann nämlich wird es immer schwieriger, die Arbeitswelt mit den privaten (= familiären) Anforderungen zu koordinieren und in Einklang zu bringen.

Für die Unternehmen wie für deren Mitarbeiter resultieren hieraus folgende Konsequenzen: So werden die betreffenden Beschäftigten, die mit den Betreuungs- und Pflegeaufgaben belastet sind, sukzessive von denjenigen Arbeitsplätzen verdrängt und ausgeschlossen, für die flexible Arbeitszeitsysteme gelten, die an den betrieblichen Bedürfnissen ausgerichtet sind, und somit wird die hierdurch bedingte Lage der Arbeitszeit zu einem latenten nichtlösbaren Interessenkonflikt mit den geschilderten privaten Belangen führen. Für die Unternehmen bedeutet dies, daß sie entweder bestimmte ökonomisch sinnvolle bzw. gar erforderliche Flexibilisierungsvarianten nicht implementieren können oder das ihnen zur Verfügung stehende Humanpotential, das diese Mitarbeiter verkörpern, nicht bestmöglich einsetzen können und im Extremfall sogar darauf verzichten müssen.

Ebenso darf ferner nicht übersehen werden, daß auch das übrige Infrastrukturangebot aufgrund seiner gravitätisch-starren Ausformung nur bedingt für die Unterstützung der Flexibilisierungsprozesse im Bereich der Arbeitszeit tauglich ist. Öffentliche wie private Dienstleistungen orientieren sich in Deutschland immer noch an der Normalarbeitszeit und können daher überwiegend in der Zeit von 9.00 - 16.30 Uhr in Anspruch genommen werden. Auch im Einzelhandel findet sich aufgrund der restriktiven Ladenöffnungszeiten ebenfalls eine vergleichbare Situation. Auch das Bildungsangebot im tertiären Sektor, orientiert an der sog. Normalarbeitszeit, findet i.d.R. in der zweiten Tageshälfte statt. Für Arbeitnehmer, die also in flexible Arbeitszeitsysteme (z. B. Freischichtmodell, „amorphe" Arbeitszeit) integriert sind, wird es also immer schwieriger, die eigene und familiäre Lebensführung zu organisieren, wenn sie aufgrund ihrer Arbeitszeit diese Angebote gerade nicht nutzen können. Folglich wird aufgrund dieser negativen Auswirkungen, die unmittelbar das Niveau der Lebensqualität beeinträchtigen und damit die allgemeine Zufriedenheit wie die spezifische Arbeitszufriedenheit nachteilig beeinflussen, die Akzeptanz von primär arbeitgeberorientierten flexiblen Arbeitszeitmodellen, ausgehend von dem Grad der individuellen Betroffenheit, immer weiter abnehmen, auch wenn seitens der Mitarbeiter diese ansonsten grundsätzlich als positiv und erforderlich bewertet würden.

Insgesamt wird damit deutlich, daß die sich abzeichnende Diskrepanz zwischen dem Flexibilisierungsgrad bei der Arbeitszeit und der gesellschaftlichen Infrastruktur und die sich hieraus ergebenden Schnittstellenprobleme für die Menschen in ihrer Rolle als Arbeitnehmer und als Mitglieder eines spezifischen sozialen Kontextes eine problematische Barriere für die weitere Arbeitszeitflexibilisierung und ihre Entstandardisierung bildet. Die dargestellten Defizite innerhalb der gesellschaftlichen Infrastruktur bewirken somit die Gefahr, daß sich aufgrund des gegebenen Status Quo ein suboptimales Niveau bezüglich der Gestaltung der Arbeitszeit verfestigt und somit die Ausschöpfung von vorliegenden Verbesserungsoptionen erschwert oder möglicherweise gar ausgeschlossen wird. Des weiteren ist mit der steigenden Entstandardisierung und Flexibilisierung der Arbeitsbeziehungen auch die Gefahr des Verlustes sozialer Kontakte verbunden (vgl. für die bislang am meisten erforschten Bereiche BMJFG 1978). Das gilt vor allem dann, wenn die betriebliche Interessenlage (z. B. Ausdehnung der Nutzungszeiten, kontinuierliche Produktion) zunächst im Vordergrund steht. Für die Arbeitnehmer kann dies bedeuten, daß aufgrund der hierdurch bedingten Lage der Arbeitszeiten ihre Interaktions- und Kommunikationsmöglichkeiten mit anderen Personen außerhalb der Arbeitssphäre eingeschränkt werden (Matthies u. a. 1994, S. 146). Es tritt also eine fehlende Synchronisation zwischen dem Arbeits- und dem sozialen Lebensrhythmus ein. Die Beschäftigten arbeiten zu Zeitpunkten, in denen üblicherweise der Schwerpunkt der sozialen Kontakte liegt, und haben frei, wenn die übrige Bevölkerung und ihre Ansprechpartner arbeiten oder sonstigen Aufgaben wie z. B. der Ausbildung nachgehen. Diese Situation ist bei all denen gegeben, deren Arbeitszeit überwiegend in die zweite Tageshälfte und/oder in das Wochenende hinein verlegt wurde. Eine hohe Gefahr einer sozialen Isolation ist auch bei Arbeitszeitsystemen gegeben, die für bestimmte Beschäftigtengruppen eine permanente Wochenendarbeit vorsehen (Freitag bis Sonntag). Daneben zeichnen sich diese Tendenzen auch bei primär arbeitnehmerorientierten Arbeitszeitmodellen wie der Gleitzeitarbeit ab, wenn nämlich zur Erweiterung der Betriebs- oder Ansprechzeiten versetzte Kernzeiten eingeführt werden und diese folglich immer weiter in die späten Nachmittags- und Abendstunden fallen.

Die Konsequenzen für die Arbeitnehmer im engen privaten Bereich liegen darin, daß ihre Kontakte zu den übrigen Familienmitgliedern erschwert werden, weil gemeinsame Aktivitäten aufgrund der Arbeitszeitlage nur schwer zu realisieren sind. Dies gilt umso mehr, wie auch die anderen Angehörigen flexiblen Arbeitszeiten unterliegen. Im Extremfall finden sich nur noch ausnahmsweise übereinstimmende Freizeitspannen. Faktisch relativiert sich der Familienverband immer weiter oder löst sich schließlich gar auf. Parallel reduzieren sich auch die Anknüpfungspunkte für darüber hinausgehende Kontakte im gesellschaftlichen Bereich. Hierzu zählt neben Unternehmungen mit Freunden vor allem die Teilnahme an sportlichen oder kulturellen Maßnahmen. Auch die Möglichkeiten zur Fort- und Weiterbildung neben dem Beruf werden erschwert.

Diese vorstehend dargestellten Problemtatbestände zeigen, daß mit der stetigen Flexibilisierung und Entstandardisierung der Arbeitszeitmuster zugleich immer die latente Gefahr einer steigenden sozialen Isolation der Beschäftigten verbunden ist, die im Ergebnis deren Lebensqualität verringern kann. Hinzutreten können ferner psychische Belastungen, die sich zumindest auf Dauer in erheblichen Gesundheitsschäden manifestieren können, als Folge der immer schwächer werdenden Teilhabe am gesellschaftlichen Kontext. Es bildet sich zumindest in Ansätzen eine Situation heraus, die den biologischen Verhaltensnormen des Menschen als gemeinschaftorientiertem Lebewesen widerspricht. Angesichts dieser negativen Auswirkungen, die mit der Arbeitszeitgestaltung und bestimmten Arbeitszeitmodellen (z. B. Telearbeit) verbunden sein können, stellt sich aber die Frage, inwieweit die Beschäftigten längerfristig diese Tätigkeit ausüben wollen bzw. hierzu überhaupt noch in der Lage sind. Die zunächst gegebenen Vorteile könnten sich aber aufgrund der beschriebenen Nachteile im weiteren zeitlichen Verlauf immer weiter relativieren, so daß die ursprüngliche Attraktivität sinkt. Denkbare Folgen sind ein Anstieg der Fluktuation des eingesetzten Personals oder aber eine Verschlechterung der Arbeitsleistung. In diesem Zusammenhang entsteht für die Unternehmen das Problem, daß die originären Nutzenvorteile der gewählten Arbeitszeitmodelle entsprechend schrumpfen und folglich deren weitere Verwendung zur Entscheidung steht. Damit wird deutlich, daß die unmittelbaren Auswirkungen der Arbeitszeitgestaltung auf die qualitative wie quantitative Dimension der sozialen Kontakte der Arbeitnehmer im Sinne eines zeitlich verzögerten Rückkoppelungseffektes auch den längerfristigen Fortbestand der jeweilig implementierten Arbeitszeitsysteme beeinflussen können.

II. Lösungsansätze

Um eine Eingrenzung der Teilzeitarbeit auszuschließen, die zu einem suboptimalen Verbreitungsgrad führt, bedarf es somit konsequenterweise einer engeren Anpassung der gesellschaftlichen und sozialen Infrastruktur an die veränderten Arbeitszeitmuster, die gerade mit der Reduzierung des Arbeitszeitvolumens einen zunehmenden entstandardisierten wie flexiblen Charakter aufweisen.

66

Insoweit ist es zunächst einmal die Aufgabe der staatlichen Regelungsinstanzen, eine schrittweise und zielgerichtete Koordination zwischen den von ihnen angebotenen Dienstleistungen und den veränderten Arbeits- und Freizeiten der Beschäftigten herzustellen. Konkret bedeutet dies ebenfalls eine kongruente Flexibilisierung ihrer Betriebs- und damit auch der Arbeitszeiten der dort tätigen Mitarbeiter. Die Basisflexibilisierung bei den Unternehmen hat dann eine umfassende Auswirkung auch auf den öffentlichen Sektor. Ziel muß daher zunächst die Schaffung einer Infrastruktur sein, die einmal keine besondere Belastung für Arbeitnehmer schafft, die ein flexibles Arbeitszeitverhalten aufweisen. Darüber hinaus sollte sie ferner so organisiert sein, daß sie diesen Flexibilisierungs- und Entstandardisierungsprozeß fördert und unterstützt.

1. Die Optimierung der Verwaltungsstrukturen

Problemlos ist dies möglich im Bereich der allgemeinen Verwaltung. Hier könnte eine Erweiterung der Ansprechzeiten durch eine Verlagerung der Publikumszeiten entweder in die Abendstunden oder auf den Samstag erfolgen. Durch den EDV-Einsatz ist es möglich, spezifische Service-Center einzurichten, die aufgrund des umfassenden Rückgriffes auf alle relevanten Informationen gegenüber den Bürgern die nachgefragten Verwaltungsaufgaben erledigen können. Eine Aufteilung der einzelnen Funktionen (z. B. Einwohnermeldeamt, Sozialamt etc.) innerhalb einer Behörde wäre folglich obsolet und anachronistisch. Denkbar wäre auch die Zusammenfassung verschiedener Behörden (Stadtverwaltung, Finanzamt) in ein gemeinsames Public-Center. Hier würden dann Vertreter der jeweiligen Behörden den Bürgern zusätzlich zu den üblichen Öffnungszeiten in den Stammbehörden in den Abendstunden oder am Wochenende zur Verfügung stehen.

2. Die Optimierung der Betreuungs- und Pflegestrukturen

Die Arbeitszeitflexibilisierung bei den Teilzeitsystemen kann zu einem tiefen Konflikt zwischen den familiären Pflege- und Betreuungsaufgaben und dem seitens des Arbeitgebers geforderten Arbeitszeitverhaltens führen, wenn aufgrund der starr fixierten öffentlichen Unterstützungsangebote Lücken entstehen. Zur Unterstützung flexibler Teilzeitsysteme gilt es zusätzlich Serviceangebote zur Verfügung zu stellen, indem eine schrittweise Anpassung an die differenzierten Arbeitszeitmuster erfolgt. Am weitesten fortgeschritten ist die Umsetzung neuer Organisationsansätze im Bereich der Alten- und Krankenpflege. Ausgelöst und begünstigt durch die Gesundheitsreform sind hier in allen Regionen eine Vielzahl privatrechtlich organisierter sog. ambulanter Pflegedienste entstanden. Diese ermöglichen schon von vornherein in zeitlicher Hinsicht einen flexiblen Handlungsspielraum und erlauben ein Eingehen auf die jeweils spezifischen Bedürfnisse der zu Pflegenden wie der Familienangehörigen und mindern damit die bestehenden Belastungen. Begleitet und ergänzt werden sie vielfach durch weitergehende Betreuungsmaßnahmen im Seniorenbereich durch Sozialarbeiter in spezifischen Sozialstationen, die von den älteren Personen täglich besucht werden können.

Demgegenüber bestehen im Bereich der Kinderbetreuung noch erhebliche Versorgungsengpässe. Diese resultieren daraus, daß bislang noch nicht einmal die nötigste Grundversorgung sichergestellt ist (vgl. hierzu Richter/Stackelbeck 1992, S. 18 ff.). Ferner liegt der zeitliche Schwerpunkt der Betreuung in den Kindergärten immer noch auf den Vormittags- und frühen Nachmittagsstunden. Für alleinerziehende Elternteile oder bei Elternpaaren, wo beide berufstätig sind bzw. sein müssen, existieren damit beträchtliche Versorgungsschwierigkeiten, die ihre Improvisationsfähigkeiten erheblich fordern. Eine Verschärfung dieser Situation tritt bei der Verlagerung der Arbeitszeiten in die zweite Tageshälfte oder in das Wochenende im Zuge des Flexibilisierungsprozesses ein, da zu diesen Terminen bislang kaum realisierbare, d. h. auch finanzierbare, Betreuungsmöglichkeiten bestehen. Zur Beseitigung dieser Defizite ist also ebenfalls eine stärkere Koordination der noch starren und standardisierten Betreuungszeiten mit den sich wandelnden und immer flexibler werdenden Arbeitszeitmustern der Eltern zu verwirklichen.

Am einfachsten wäre es, die bestehenden Strukturen entsprechend zu ergänzen und auszubauen, indem eine Verlängerung der Servicezeiten für einzelne Gruppen von Kindern eingeführt wird. Zugleich wächst auch der Betreuungsbedarf für die jüngeren schulpflichtigen Kinder an, wenn zwischen dem Ende der täglichen Schulzeit und der arbeitsfreien Zeit ihrer Eltern eine längere Lücke klafft. Nötig ist also auch eine ganztägige Betreuung für diesen Kreis. Problematisch ist ferner die Versorgung in den Nachstunden und/oder am Wochenende, die gleichfalls eine Erweiterung der Kapazitäten erforderlich machen. Neben der Rekrutierung von fähigem Personal besteht ein wesentliches Hindernis zur Umsetzung vor allem in der Finanzierung und damit in der Organisation. Gerade in Zeiten, wo bereits die Sicherung des Status Quo angesichts des immer enger werdenden finanziellen Handlungsspielraumes der staatlichen bzw. kommunalen Institutionen nur mit beträchtlichen Anstrengungen überhaupt noch möglich ist, erscheint es als illusionär, von einer automatischen Weiterentwicklung innerhalb der bestehenden Organisationsstrukturen auszugehen. Erforderlich ist daher automatisch die Konzeption und Implementierung neuer Gestaltungsansätze, die auch eine realistische Realisierungschance haben. Das anzustrebende Ziel ist ein Betreuungsmodell, das auf bestehenden Rahmenbedingungen aufbaut und diese ergänzt, wobei die Kostenlast für alle Beteiligten so gering wie möglich gehalten wird. Denkbar wäre insoweit ein Kooperationsmodell, das alle Akteure, die unmittelbar oder mittelbar von der Verbesserung der Betreuungssituation profitieren gleichermaßen unter Berücksichtigung ihrer jeweiligen Leistungsfähigkeit miteinbezieht. Das sind zunächst einmal die Erziehungsberechtigten, deren Kinder versorgt werden. Ferner zählen zu diesem Kreis auch die Arbeitgeber, da sie den flexiblen Einsatz der Arbeitskräfte sichern und ausbauen können, und letztlich auch der Staat, der an den ökonomischen Wohlfahrtssteigerungen zumindest über die Steuerquote partizipiert (Richter/Stackelbeck 1992, S. 148).

Welche konkrete Ausformung dieses Modell letztendlich aufweist, ist aber von den jeweilig gegebenen regionalen und kommunalen Besonderheiten abhängig (vgl. auch Schubert 1993, S. 115 ff.). So ist vorstellbar, daß die öffentlichen Institutionen die bereits bestehenden Räume (Kindergarten, Schule) anbieten und die persönliche Durchführung dann den betroffenen Akteuren (Eltern, Arbeitgeber) überlassen. Diese müßten dann ein eigenständiges durchgängiges Betreuungsangebot organisieren. Institutionalisiert werden könnte dies in Form eines selbständigen Trägervereines, der die strukturellen Voraussetzungen schafft und auf Dauer aufrechterhält. Daran könnten sich die Eltern wie auch die Unternehmen adäquat beteiligen. Bezüglich der personellen Versorgung wäre u. a. eine Mischkonstellation vorstellbar, die die Erziehungsberechtigten miteinbindet, indem sie in ihrer arbeitsfreien Zeit mit tätig werden können, wodurch zugleich die finanzielle Kostenbelastung erheblich reduziert werden kann. Voraussetzung ist, daß eine gewisse pädagogische Grundeignung zunächst vermittelt wird. Die Leistung der jeweiligen Betreuungsinstitutionen (Kindergarten, Ganztagsbetreuung von Schülern) würde dann einer sozialpädagogischen Fachkraft obliegen, die unterstützend eingreift und die übrigen Managementaufgaben löst. Die Partizipationsmöglichkeiten der Eltern steigen um so mehr, wie gleichzeitig ihr individuelles Arbeitszeitvolumen abnimmt, so daß im Ergebnis eine Selbstorganisation der Betroffenen (Vater wie Mutter) realisierbar ist. Die Arbeitnehmer helfen und übernehmen in ihrer Freizeit die Beschäftigung mit den Kindern und Jugendlichen, während sie dafür die Sicherheit erlangen, daß während ihrer Arbeitszeit, unabhängig von der Lage und Dauer, eine Versorgung ihrer eigenen Kinder sichergestellt ist. Für die Umsetzung in die Praxis bedarf es daher einer umfangreichen Koordination der beteiligten Akteure untereinander, damit eine lückenlose Betreuung erreicht wird. Gerade wenn auch bei den männlichen Arbeitnehmern sich der Trend zu einer Arbeitszeitverkürzung weiter durchsetzt, können auch sie stärker, als dies gegenwärtig erfolgt, mit in die Erziehung der Kinder und Jugendlichen integriert werden, so daß die einseitige Belastung der Frauen aufgrund der üblichen Rollenverteilung gemindert wird.

Erreicht werden kann durch diesen Ansatz eine weitestgehende Versorgung von Kindern und Jugendlichen, wenn ihre Erziehungsberechtigten beruflich tätig sind, wobei sich der staatliche Beitrag im Idealfall auf die Zurverfügungstellung von geeigneten Räumlichkeiten und von Leitungspersonal beschränkt. Möglich wird auf diese Weise, daß im Vergleich zur traditionellen Organisation, wo staatliche, kirchliche bzw. karitative Institutionen einen Komplettservice erbringen, mit weitaus geringerem Mitteleinsatz dieselben Resultate erreicht werden können, wenn die Eltern aktiv miteinbezogen werden. Denkbar wäre weiter, die sukzessive Ausdehnung dieses neuen Gestaltungsansatzes auf den gesamten Betreuungsbereich zu fördern und nicht nur auf die zusätzlich benötigten Kapazitäten zu beschränken. Dies würde zu einer allgemeinen Kostenentlastung beitragen, so daß die erforderlichen Ausweitungen des Angebotes zum größten Teil aus sich selbst heraus finanziert werden. Parallel hierzu könnten ferner je nach Größe einzelne Betriebe bzw. Zusammenschlüsse von Betrieben in eigenständiger Regie die Betreuung der Kinder ihrer Mitarbeiter übernehmen, indem sie selbst für die erforderliche räumliche und personelle Grundausstattung sorgen, die durch die freiwilligen Leistungen der Eltern ergänzt wird. Die Kommunen würden als Anreiz und Belohnung einen gewissen finanziellen Zuschuß gewähren, da sie insoweit von ihren Aufgaben entlastet werden. Als flankierende Maßnahme erscheint es auch als sinnvoll, die bestehenden rechtlichen Vorgaben bezüglich der räumlichen Gestaltung insbesondere von Kindergärten, die deren Errichtung erheblich verteuern und verzögern, soweit diese nicht unmittelbar aus Gründen des Gesundheitsschutzes erforderlich sind, endlich abzubauen, um privatwirtschaftliche Anstrengungen in diesem Bereich zu fördern.

3. Die Optimierung des Weiterbildungsangebotes

Neben den Defiziten im Bereich der Betreuungsleistungen ist ferner auch das bestehende Weiterbildungsangebot entsprechend der Entstandardisierung und Flexibilisierung der Arbeitszeit zu reformieren. Die Notwendigkeit einer permanenten Weiterbildung aller Beschäftigten wird angesichts des stetigen technischen wie wirtschaftlichen Wandels immer wichtiger, so daß dementsprechend die Bedeutung des tertiären Bildungssektors immer stärker zunimmt. Zugleich wird die Koordination insbesondere aufgrund der Arbeitszeitflexibilisierung immer schwieriger, auch wenn die Arbeitnehmer aufgrund der stetigen Arbeitszeitreduzierung immer mehr Zeit hierfür zur Verfügung haben. Gegenwärtig ist die Fort- und Weiterbildung, sei es bei staatlichen oder auch privaten Trägern, dergestalt organisiert, daß sie entweder begleitend zur Arbeitstätigkeit stattfindet, oder aber ein befristetes Ausscheiden aus dem Erwerbsleben erforderlich macht.

Bei den berufsbegleitenden Qualifikationsmaßnahmen liegt der Schwerpunkt, soweit er sich an der starren Normalarbeitszeit orientiert, immer noch in zeitlicher Hinsicht auf den späten Nachmittags- und frühen Abendstunden und ferner auf dem Wochenende. Mit steigender Entstandardisierung und Flexibilisierung der Arbeitszeiten bei gleichzeitig damit einhergehender Individualisierung des Arbeitsrhythmus wird es für die Beschäftigten immer schwieriger, die bestehenden Qualifizierungsangebote anzunehmen. Auf lange Sicht ist damit die Gefahr von Wissenslücken gegeben, die sowohl ihre Chancen auf dem Arbeitsmarkt allgemein verringern wie auch die Erfüllung ihrer Arbeitsaufgaben immer schwieriger werden lassen, wenn aufgrund der technischen, insbesondere informationstechnologischen Veränderungen neue zusätzliche Anforderungen an die Arbeitnehmer gestellt werden.

Auch für den Arbeitgeber stellt sich das Problem, nicht über genügend ausgebildete Fachkräfte zu verfügen, die eigentlich für das Funktionieren der betrieblichen Abläufe erforderlich wären. Insgesamt würde das Festhalten an den bestehenden Weiterbildungsformen dazu führen, daß die Neugestaltungsansätze bei der Arbeitszeit die Gefahr nicht unerheblicher Wohlfahrtsminderungen beinhalten können, wenn hierdurch das Wissenspotential abnimmt und nicht mehr genügend ausgebildetes Humankapital zur Verfügung steht. Unabdingbar ist also gleichfalls eine stärkere Ausrichtung des gesamten Fort- und Weiterbildungsangebots auf das sich ändernde Arbeitszeitverhalten der Beschäftigten. Bei der Planung dürfte sich daher wohl die Schaffung von einzelnen Qualifizierungsmodellen, die sich zeitlich flexibel von den Interessierten abrufen und aneinanderreihen lassen, durchsetzen. Insbesondere durch den Einsatz von Lernsystemen, die durch IuK-Techniken (vgl. hierzu Böndel 1995, S. 78 ff.) unterstützt werden und eine größere Autonomie des Lernprozesses ermöglichen, wird diese Entwicklung noch gefördert werden. Anstelle linearer Weiterbildungsveranstaltungen müssen also kombinierbare Einheiten verstärkte Anwendung finden.

Zugleich dürfte sich damit die Bezugnahme auf spezifische betriebliche Situationen und die hieraus resultierenden konkreten Qualifizierungsbedürfnisse noch intensivieren. Neben der konkreten arbeitsplatzorientierten Fortbildung als ein wesentliches Ziel des tertiären Bildungsweges muß eine stärkere Differenzierung bei der zeitlichen Fixierung der Maßnahmen erfolgen, um allen in Frage kommenden Beschäftigten auch die notwendige Teilnahme zu ermöglichen. Bei der Planung ist daher vorab zu klären, welche Arbeitszeitmuster die Teilnehmer jeweils aufweisen, um danach die einzelnen Lerngruppen zusammenzustellen und die ideale zeitliche Lage zu finden. Insgesamt steigt damit der Koordinierungsaufwand. Von besonderem Interesse ist darüber hinaus die Kombination der angesammelten Freizeiteinheiten mit der Teilnahme an Qualifizierungsprojekten in der Weise, daß die Beschäftigten längere Freizeitblöcke dazu nutzen, eine primär an ihren Präferenzen orientierte Weiterbildung zu absolvieren. Dies ermöglicht für bestimmte Zeitspannen eine intensive Wissensvermittlung.

Denkbar wäre z. B., daß die Arbeitnehmer parallel zu ihrer beruflichen Tätigkeit gewisse Vorbereitungskurse in der arbeitsfreien Zeit ableisten und anschließend eine Vertiefung ihrer Kenntnisse dann in Vollzeitlehrgängen erfolgt, deren Umfang und Dauer von dem zur Verfügung stehenden Zeitguthaben abhängig ist. Gerade aufgrund der zunehmenden Arbeitszeitverkürzungen, und hierbei sei insbesondere auf die Tarifverträge zur Beschäftigungssicherung verwiesen, kann durch eine entsprechende Planung die Bildung von bestimmten Arbeitsblöcken, in denen die Arbeitsverpflichtung komprimiert erbracht wird, gefördert werden. Die Folge ist die Entstehung von längeren Freizeitblökken innerhalb des zugrundeliegenden Bezugszeitraumes, die u. a. zur Qualifizierung genutzt werden können. Auf diese sich allmählich umfassend abzeichnende neue Situation und die sich hieraus ergebenden Möglichkeiten müssen also verstärkt die bestehenden Fort- und Weiterbildungsangebote ausgerichtet werden, um den persönlichen wie betrieblichen Qualifizierungsbedarf adäquat abdecken zu können.

Dies eröffnet ferner die Chance einer permanenten Weiterbildung der im Arbeitsleben stehenden Personen, so daß das durch den stetigen Wandel intendierte Konzept des „Long-Life-Learning" (LLL-Konzept) systematisch umgesetzt werden kann. Unternehmen könnten die Qualifizierungsbestrebungen ihrer Mitarbeiter, soweit ihr betriebsspezifisches Humankapital zugleich verbessert wird, durch die Gewährung eines finanziellen Bonus oder weiterer Zeitgutschriften fördern. Um Engpässe zu beheben, hat der Staat die Möglichkeit, durch die Verteilung von sog. Qualifizierungsgutscheinen eine Kostenentlastung zu bewirken und dadurch die Motivation noch weiter zu erhöhen (Siebert/Klodt 1991, S. 175).

4. Die Optimierung der Freizeitangebote

Ein weiteres Problem, das ebenfalls im Zuge der Neugestaltung der Arbeitszeitorganisation anfällt, betrifft die Frage, wie die komplementär hierzu entstehenden Freizeitmuster von den Beschäftigten für sie optimal, also sinnvoll, genutzt werden können. Hier zeichnet sich gegenwärtig noch ein schwieriger Widerspruch innerhalb der Arbeitsgesellschaft ab. In bezug auf die Arbeitsorganisation werden seit einigen Jahren Ansätze diskutiert aber auch umgesetzt, durch die die aktive Funktion der Beschäftigten im Wertschöpfungsprozeß gestärkt werden soll, indem eine attraktivere Gestaltung der Arbeitsaufgaben bei gleichzeitiger Erhöhung der Partizipationsmöglichkeiten erfolgt (Job-Enlargement/Job-Enrichment).

Demgegenüber fehlt es aber insgesamt an entsprechenden Konzepten bezüglich der beschäftigungsfreien Zeit, also in den Zeiträumen, in denen keine Arbeitsleistung zu erbringen ist. Hier ist der Arbeitnehmer folglich völlig auf sich allein gestellt und mit der Herausforderung konfrontiert, die an sich so wertvolle Zeit adäquat zu nutzen. Bislang jedenfalls stellte diese Thema keine große Problematik dar, war ja das Streben nach freier Zeit zur Verwirklichung der ureigenen Lebensentwürfe zum bestimmenden Credo der letzten Dekaden geworden.

Die Arbeitsgesellschaft ist in der vorherrschenden kollektiven mentalen Einstellung von dem Ideal der Freizeitgesellschaft abgelöst worden. Mit zunehmender Arbeitszeitverkürzung, aber auch mit der steigenden Arbeitslosigkeit, nimmt folglich die zur Verfügung stehende freie Zeit im Verhältnis zur Arbeitszeit immer mehr zu. Für jedes Individuum besteht somit die Aufgabe, diese zusätzlichen Zeitreserven entsprechend seiner Vorstellung zu aktivieren und zu gestalten, wobei aufgrund der Entstandardisierung des Arbeitszeitvolumens die Lage der Freizeit aller Akteure untereinander differieren kann. Dies führt zwar einerseits zu einer gewissen Entlastung bei der Inanspruchnahme der jeweiligen Serviceangebote. Andererseits aber tritt auch die Gefahr einer gewissen sozialen Isolierung ein.

Insgesamt ist damit die latente Gefahr gegeben, daß für die Arbeitnehmer mit der Verstärkung der Teilzeitarbeit langfristig die hierdurch gewonnene Freizeit einen immer geringeren Wert aufweist (Problem des abnehmenden Grenznutzens). Diese Lage beinhaltet ein latentes Konfliktpotential in sich, wenn die Betroffenen den Zugewinn an Freizeit (= Eigenzeit) nicht mehr als positives Ergebnis, sondern eher als nachteilig empfinden, weil es an sinnvollen nutzenmaximierenden Gestaltungsoptionen fehlt. Die sich hieraus entwickelnde Unzufriedenheit des Arbeitnehmers mit seiner gesamten Lebenssituation erfaßt aber zumindest mittelbar auch sein berufliches Verhalten, weil ein hohes Frustrationspotential hinsichtlich der Arbeitsmotivation und Leistungsbereitschaft eine hemmende Wirkung aufweist. Die Arbeitszeitverkürzung wird somit nicht als Erhöhung der Zeitsouveränität und soziale Nutzensteigerung bewertet, sondern erlangt den Status eines belastenden Ereignisses.

Die mit der Teilzeitarbeit verknüpften Erwartungen von Produktivitätssteigerungen lassen sich folglich nicht relativieren. Möglich ist - je nach der Intensität des Unzufriedenheitsgrades - sogar eine stetige Verschlechterung des Leistungsverhaltens der Mitarbeiter. Daher liegt es zur Stabilisierung des ökonomischen Nutzenniveaus auch im Interesse des Unternehmens, daß für die Mitarbeiter die Chance für eine produktive Verwendung der Freizeit besteht. Aus diesem Grunde sollte es sich zusammen mit den staatlichen Institutionen an der Installation einer hierauf eingehenden Infrastruktur beteiligen.

Zu diesem Zweck gilt es einmal das bereits bestehende Angebot an Freizeitaktivitäten in zeitlicher Hinsicht dem veränderten Arbeitszeitmuster anzupassen. Dies ist gerade im sportlichen Bereich wichtig, wo bislang vor allem bei der Ausübung von Mannschaftssportarten der terminliche Schwerpunkt noch in den späten Nachmittags- bzw. frühen Abendstunden liegt und als Konsequenz viele Arbeitnehmer aufgrund ihrer flexiblen Arbeitszeiten hieran nicht teilnehmen können. Dieser Aspekt gilt allgemein auch für Aktivitäten im Kultur- wie im Weiterbildungsbereich. Auch hier ist den veränderten Arbeitszeitmustern entsprechend Rechnung zu tragen, indem eine stärkere Synchronisation auf der Ebene des chronologischen Faktors erfolgt. Eine wesentliche Entlastung der Zeitproblematik ergibt sich aber vor allem im Qualifikationssektor durch den intensivierten Einsatz von IuK-Techniken (Multi-Media-Konzepte), durch die Bildungsangebote per PC von den Akteuren abgerufen werden können. Dies bedeutet ein Verschwinden zeitlicher Restriktionen, wie sie bei den traditionellen Präsenzveranstaltungen (Vorlesungen, Seminare) gegeben sind. Der Arbeitnehmer kann folglich entsprechend seines individuellen Verfügungsrahmens die für ihn in Frage kommenden Lerninhalte absolvieren und berufliche wie private Belange miteinander friktionslos verknüpfen. Durch E-Mail-Systeme ist darüber hinaus auch eine kontinuierliche Kommunikation mit den Dozenten gewährleistet. Begleitend bietet sich die Durchführung von Präsenzveranstaltungen in Blockform an, die der Mitarbeiter im Rahmen seiner angesparten Freizeiteinheiten besuchen kann.

Neben dieser temporären Koordinierung von Beruf und Freizeitaktivitäten ist als nächstes auch der sukzessive inhaltliche Ausbau des Angebotes dergestalt wichtig, daß die Teilzeitbeschäftigten aus einem möglichst umfangreichen Reservoir verschiedener Betätigungsoptionen diejenigen wählen können, die ihren Interessen und Bedürfnissen gerecht werden. Hierdurch wird ein wichtiger Beitrag für die qualitative Aufwertung der Eigenzeit gesetzt, durch die im Ergebnis eine individuelle Nutzensteigerung auf seiten der Arbeitnehmer erreicht wird. Es wird dem subjektiven Empfinden einer Zeitinflation und einer hieraus resultierenden latenten Frustrationslage entgegengesteuert. Insoweit wird auf diese Weise zugleich die Basis für einen positiven Rückkoppelungseffekt in der Weise geschaffen, daß durch eine allgemeine Verbesserung des subjektiven Wohlbefindens (Wellness-Faktor) auch die Arbeitsmotivation und Leistungskraft der Arbeitnehmer stabilisiert oder sogar noch ausgebaut wird, weil ansonsten hierauf abzielende Störungen aus der privaten Sphäre nicht mehr existieren.

Anknüpfend an die wachsende Sensibilität für Umweltfragen bietet sich die Entwicklung von Konzepten an, die den Menschen praktikable Hilfestellungen offerieren, indem sie die Lücke zwischen dem Problembewußtsein des einzelnen und den tatsächlichen Handlungsmöglichkeiten zu einer Verbesserung der bestehenden Situation schließen. Neben einer allgemeinen theoretischen Unterweisung in das erforderliche Grundlagenwissen sind in diesem Zusammenhang Ansätze und Instrumente aufzuzeigen, die gerade im privaten Bereich eine stärkere ökologische Ausrichtung des Individualverhaltens ermöglichen. Vorstellbar sind je nach den persönlichen Bedingungen Maßnahmen von unterschiedlicher Intensität. Angefangen mit Empfehlungen über Umweltaspekte beim Einkauf von Produkten und der sachgemäßen Wertstofftrennung bis hin zur Verwendung ökologischer Möbel und Baustoffe reicht das denkbare Repertoire möglicher Veranstaltungen. Soweit das nötige Know-how vorhanden ist, können diese Kurse entweder von den Unternehmen oder den staatlichen Institutionen selbständig durchgeführt werden. Ansonsten bietet sich die Kooperation mit den zahlreichen in diesem Bereich arbeitenden Umweltorganisationen, Vereinen und Initiativen an. Neben diesen Non-Profit-Organisationen wäre auch eine Einbindung kommerzieller Anbieter vorstellbar, soweit diese in dem Umweltsegment tätig sind. Dann würde sich die Tätigkeit insbesondere der kommunalen wie privaten Initiatoren dieser Maßnahmen auf die Koordination der Kurse und die Auswahl kompetenter Referenten beschränken.

Sinnvoll ist daher insgesamt die Schaffung eines dauerhaften institutionalisierten Rahmens, innerhalb dessen diese Projekte ablaufen können, z. B. durch die Gründung einer kommunalen Umweltwerkstatt, die eine Ergänzung der übrigen Servicezentren darstellen würde. Über den privaten Bereich hinausgehend wäre dann die Initiierung und Durchführung allgemeinerer Umweltprojekte möglich, an denen sich besonders interessierte Personen beteiligen könnten und die das Ziel haben, zu einer Verbesserung der Umweltbedingungen in der unmittelbaren Umgebung beizutragen. Neben der Beseitigung von Umweltschäden durch sog. „Entrümpelungsaktionen" zählen hierzu auch aktive Maßnahmen, wie z. B. die Partizipation an Renaturierungsprogrammen oder die Errichtung von Solaranlagen. Konkrete Angebote auf diesem Sektor erlauben den Beschäftigten, die Option zu einer produktiven Freizeitgestaltung wahrzunehmen, die sowohl eine individuelle wie gesamtwirtschaftliche Wohlfahrtssteigerung verspricht.

Als Ergänzung obiger Ansätze bietet sich aus der Sicht der Arbeitgeber ferner auch die Einbeziehung der Thematik des betrieblichen Umweltschutzes an, da ökologische Aspekte aufgrund der verschärften Rechtsordnung, der Imagepflege sowie des Konsumentenverhaltens für die Sicherung der Marktposition des Unternehmens immer wichtiger werden. Parallel wächst auch die kritische Bewertung auf seiten der Mitarbeiter, die auch aus Kenntnis der potentiellen Gefahren für die körperliche Unversehrtheit die Wertschöpfungsprozesse auf ihre Umweltverträglichkeit hin beobachten. Angesichts dieser Motivation ist es sinnvoll, die interessierten Arbeitnehmer weiter in ihrem Engagement zu fördern und nicht zu behindern, so daß sie gleichzeitig auch innerhalb des Unternehmens zu aktiven Mitgestaltern werden (vgl. Schulz/Schulz 1994, S. 135 ff.).

Auf diese Weise werden die Voraussetzungen geschaffen, daß sie an den neuen Herausforderungen, die das Umweltmanagement neben den Vorgesetzten an alle betrieblichen Akteure stellt, angenommen werden können. Diese umfassen, neben der Formulierung und Umsetzung von Umweltleitlinien, die Durchführung von Ökoaudits und das Umweltcontrolling und damit verbunden das Erstellen von Ökobilanzen. Unterstützende Funktion haben vor allem auch die Bildung von Quality-Circles in Sachen Umweltschutz (sog. Umweltqualitätszirkel), in denen die Beschäftigten ausgehend von ihrem einzelnen Arbeitsplatz bzw. ihrer Abteilung noch existierende Defizite ermitteln sowie Lösungsvorschläge artikulieren und testen. Um die erforderlichen Kenntnisse und Qualifikationen zu vermitteln, ist es folglich im Interesse des Unternehmens, die Interessen der Beschäftigten an der Umweltschutzthematik aufzugreifen und durch die Organisation von geeigneten Vertiefungsveranstaltungen zu unterstützen. Diese können einen dualistischen Aufbau dergestalt aufweisen, daß allgemeine Aspekte, wie das ökologische Verhalten in der arbeitsfreien Zeit, und anschließend auch unternehmensspezifische Problemkonstellationen behandelt werden. Es zeigt sich in diesem Bereich die Beziehung zwischen den privaten Präferenzen der Arbeitnehmer und ihrer betrieblichen Tätigkeit insoweit, wie zwischen beiden eine gegenseitige Wechselwirkung gegeben ist, so daß es im Interesse des Arbeitgebers liegen kann, diese offensiv zu unterstützen. Es tritt faktisch eine gewisse Vernetzung zwischen der Freizeit- und Arbeitsebene ein. Um bezüglich der für das Unternehmen relevanten Umweltfragen einen gewissen Anreiz für die Mitarbeiter zu setzen, wäre zu überlegen, ob nicht neben einer eventuellen finanziellen Förderung auch ein Teil der Arbeitszeit oder der gesetzlich mögliche Bildungsurlaub zu diesem Zweck eingesetzt wird. Auch könnten ferner die Gewerkschaften mit in die Planung einbezogen werden, indem sie eigene Programme veranstalten.

Einen weiteren Bereich, der sich für eine aktive Gestaltung der arbeitsfreien Zeit eignet, stellt auch der gesamte soziale Sektor dar, der insgesamt durch eine mangelnde personale Ausstattung gekennzeichnet ist. Um die dort gegebenen Lücken zu schließen, wäre es erstrebenswert, motivierte Personen für die Mitarbeit zu gewinnen. Zielgruppe sind Personen, bei denen generell die Bereitschaft besteht, spezifisch im Spektrum des sozialen Bereiches auf freiwilliger, also ehrenamtlicher Basis tätig zu werden. In diesem Zusammenhang gilt es somit eine Angebotspalette zu schaffen, die eine aktive und produktive Einbindung der freiwilligen Helfer in die jeweilige Organisation erlaubt und ferner von vornherein unter Umständen bestehende Berührungsängste minimiert oder ganz ausschließt. Es muß also eine offensive Öffnung auf die hilfsbereiten Personengruppen erfolgen, indem vor allem als erstes Informationen über die konkreten Aufgabenbereiche und die dortigen Herausforderungen und die benötigten Kenntnisse gegeben werden und im Anschluß daran eine hierauf bezogene Schulung und Ausbildung vonstatten geht. Erreicht werden kann dies nur, soweit die bestehenden Strukturen eine ausreichende Flexibilität für eine stärkere Integration freiwilliger Mitarbeiter aufweisen und dieses Nebeneinander von professionellen Kräften und Volontären konsequent in die Ablaufplanung miteinbeziehen.

Eine freiwillige Unterstützung kann in den Bereichen der Kinderbetreuung, der offenen Jugendarbeit, der Kranken- und Seniorenbetreuung und der Behindertenarbeit erfolgen, wobei sich der Inhalt und der Umfang der Tätigkeit nach der individuellen Situation und den Interessen richtet. Möglich wäre sowohl eine unmittelbare betreuende Aufgabe mit dem jeweils betroffenen Personenkreis als auch eine primär allgemeinere unterstützende Mitarbeit (Verwaltung, Organisation, Spendenmarketing). So böte sich auch die Chance, daß die Betroffenen im Wege der Selbsthilfe bestehende Lücken beseitigen und den Staat entlasten. Im Bereich der Kinder- und Jugendbetreuung hätten beispielsweise die Eltern die Gelegenheit, durch eine Mitarbeit in ihrer Freizeit die Defizite, die bei der traditionellen Organisation noch vorliegen, aufzufüllen, so daß im Ergebnis die notwendige Rund-um-die-Uhr-Versorgung keine unfinanzierbare Utopie mehr ist. Als Gegenleistung für ihre Mitwirkung erhalten sie, soweit sie dies wollen, das Anrecht, daß auch ihre Kinder garantiert betreut werden, während sie ihre Arbeitsleistung im Betrieb absolvieren. Es ist also zugleich ein hoher Anreiz für eine Beteiligung gegeben.

Entsprechendes könnte ferner auch bei der Seniorenbetreuung durchgeführt werden. Je nach Ausbildungsstand und der konkreten Anforderung ist auch eine Unterstützung der Pflegekräfte bei der Krankenpflege möglich. Aufgrund der erzielbaren Entlastung der tätigen Institutionen und der freiwilligen Mitarbeit werden neue monetäre Entlastungspotentiale erschlossen. Die freiwerdenden Ressourcen eröffnen sowohl eine Beitragssenkung bezüglich der in Anspruch genommenen Leistungen als auch die Option, diese hinsichtlich ihres Umfanges (Zeitspanne) zu erweitern. Neben den staatlichen Institutionen, die entweder diese Leistungen selber erbringen oder als Kostenträger fungieren, und den unmittelbar Betroffenen zeichnen sich ferner auch Vorteile für die Unternehmen ab, deren Mitarbeiter das vermehrte Betreuungsangebot nutzen, soweit sie dadurch als Folge einen größeren Freiheitsspielraum für die Wahrnehmung flexibler Arbeitszeitmodelle erhalten. Insoweit bietet sich ferner ein Engagement der Unternehmen in Form des sog. Social-Sponsoring an, um die sich neu ergebenden Chancen und Nutzensteigerungen zu intensivieren. Dieses kann in Form von zusätzlichen finanziellen Unterstützungszahlungen oder durch die Bereitstellung von Fachkenntnissen bezüglich der Reorganisation der bestehenden Strukturen geschehen.

Ein weiterer Ansatz zu einer Erhöhung der Wertigkeit der Freizeit ist ferner in einer Förderung allgemeiner kreativer Aktivitäten auf seiten der Beschäftigten zu sehen. Diese beschränken sich nicht nur auf den engen kulturellen Sektor, sondern umfassen darüber hinaus das gesamte Spektrum unterschiedlichster handwerklicher oder kunstgewerblicher Fertigkeiten. Insoweit würde es sich anbieten, ergänzend auch flächendeckend entsprechende praktische Kurseinheiten anzubieten, die die praktischen Fähigkeiten der Teilnehmer erhöhen und ihre handwerkliche Kompetenz steigern. Neben den immateriellen Vorteilen ergeben sich ferner auch monetäre Nutzensteigerungen, wenn sie anstelle der Beauftragung externer Dritter bestimmte Tätigkeiten nunmehr selber ausführen und auf diese Weise Kosten einsparen können. Gerade Hersteller und Vertreiber von diesen sog. Heimwerkerprodukten könnten die fachgerechte Schulung zum Inhalt ihres Marketingkonzeptes machen und auf diese Art die Kundenbindung steigern.

Schon bezüglich der zeitlichen Organisation der Qualifikationsmaßnahmen und der Notwendigkeit ihrer Anpassung an das veränderte Arbeitszeitverhalten wurde bereits auf die steigende Bedeutung des gesamten Fort- und Weiterbildungsbereichs hingewiesen. Der permanente Wandel der technischen, sozialen und ökonomischen Tatbestände bedingt eine hierauf abgestimmte kontinuierliche intensive Schulung der Beschäftigten wie des Managements. Die bislang vorherrschenden Bildungsmuster, bei denen im wesentlichen der Schwerpunkt des Wissenserwerbes ausschließlich zu Beginn des Eintrittes ins Arbeitsleben (Lehre, Studium, Trainee) lag, werden also obsolet und durch neue Formen ersetzt, die den neuen Anforderungen und Bedürfnissen gerecht werden. Insoweit muß sich der gesamte Bildungssektor immer weiter an diesem sog. tertiären Bereich der Wissensvermittlung ausrichten, um die gegenwärtigen und zukünftigen Nachfragen abdecken zu können. Das Bedarfsspektrum umfaßt in diesem Zusammenhang die gesamten Niveaustufen, angefangen von der Vermittlung spezifischer arbeitsplatzrelevanter Fertigkeiten über die allgemeine Fachschulung (z. B. Meister-, Technikerausbildung) bis hin zur Qualifizierung auf der Hochschulebene (Post-Graduierten-Studiengänge, MBA-Lehrgänge, Erwerb von ergänzenden Zusatzkenntnissen).

Zugleich setzt auch eine größere Durchlässigkeit der einzelnen früher strikt getrennten Bildungswege ein, so daß für die Teilnehmer im Ergebnis ein größerer Aktionsspielraum eröffnet wird. Um die Motivation der Beschäftigten zur Nutzung ihrer Zeit durch die Teilnahme an diesen Veranstaltungen umfassend zu fördern, ist auch in Zukunft zunächst unter inhaltlichen Aspekten ein genügend attraktives und vielseitiges Bildungsangebot aufzubauen und sicherzustellen.

III. Zwischenergebnis

Die vorstehenden Ausführungen machen deutlich, welche Veränderungen mit der Verbreitung von flexiblen Teilzeitsystemen auf die soziale wie gesellschaftliche Infrastruktur zukommen. In diesem Kontext deuten sich gegenseitige Beziehungssysteme dergestalt an, daß durch die Überwindung von bislang bestehenden Defiziten, die das Teilzeitpotential determinieren, gleichfalls eine neue Qualitätsstufe der Infrastruktur erreicht werden kann.

Dies resultiert aus dem Umstand einer immer intensiveren Einbindung der betroffenen Akteure in das Leistungsangebot (z. B. vor allem im Betreuungs- und Pflegesektor) und aus der darüber hinausgehenden Zurverfügungstellung umfassender Optionen zu nutzensteigernden Verwendungen der durch die Arbeitszeitverkürzung zusätzlich entstandenen Freizeiteinheiten (Qualifizierungsmaßnahmen, Umweltschutz, kultureller Bereich). Von der Realisierung dieser Ansätze wird es abhängen, in welchem Maße die mit der Teilzeitarbeit prognostizierten ökonomischen wie sozialen Nutzensteigerungen tatsächlich nachhaltig erreicht und stabilisiert werden können.

E. Die ökonomischen Rahmenbedingungen

Hinsichtlich der ökonomischen Rahmenbedingungen ist zwischen den Arbeitnehmer- und Arbeitgeberpositionen zu differenzieren.

Für die Stabilität der zu implementierenden Teilzeitsysteme ist eine enge Interessenkongruenz ideal, weil auf diese Weise eine erhebliche Grundstabilität erreicht wird und negative Einflüsse minimiert werden.

I. Die Arbeitgeberposition

1. Der Kostenaspekt

Die Entscheidungssituation beim Arbeitgeber für die Einführung der Teilzeitarbeit und ihre Verknüpfung mit flexiblen Arbeitszeitmustern ist zunächst einmal wesentlich von dem Kostenaspekt geprägt. Mit Vereinbarung eines reduzierten Arbeitszeitvolumens ist die Möglichkeit einer engen Koordination des vertraglich fixierten Gesamtarbeitsvolumens mit der betrieblichen Nachfrage gegeben. Ein Zeitüberhang, der beim Vollzeitvolumen eintreten würde und nicht produktiv genutzt werden kann, wird also von vornherein ausgeschlossen. Auch beinhaltet die Teilzeitarbeit die Realisierung der idealen Betriebsnutzungszeit, soweit das bestehende Arbeitszeitsystem um eine ergänzende Teilzeitschicht erweitert wird.

Eine weitere Kostenoptimierung ist gegeben, wenn das Arbeitszeitvolumen zudem noch flexibel ausgestaltet wird, indem eine permanente Anpassung an die aktuelle Bedarfssituation im Unternehmen erlaubt wird. Diese Option sehen der Chemietarifvertrag mit seiner Bandbreitenregelung und die Beschäftigungssicherungstarifverträge in der Metall- und Elektroindustrie vor. Neben dieser Grobsteuerung wird eine Feinabstimmung durch eine flexible Gestaltung des chronologischen Faktors erreicht. Die Installation kapazitätsorientierter Elemente bewirkt die enge Abstimmung der individuellen Zeitmuster der Arbeitnehmer mit dem tatsächlichen Arbeitsanfall und verhindert das Entstehen unproduktiver „Leerzeiten". In gewissem Maße wird dieser Effekt auch durch gleitende Teilzeitsysteme erreicht, wenn eine Koordination durch das Erfordernis einer Berücksichtigung der betrieblichen Belange bei der Ausübung der Gleitoptionen erfolgt.

Eine weitere allgemeine Entlastung des Unternehmens von den Arbeitskosten resultiert ferner aus der Tendenz, daß bei Teilzeitbeschäftigten die Fehlzeitenquote insbesondere aufgrund von Krankheitstatbeständen erkennbar niedriger ist als bei den Vollzeitarbeitnehmern (vgl. Lackowski 1984, S. 155). Dies wiederum bewirkt eine geringere Lohnfortzahlungsverpflichtung und somit eine Reduzierung der Lohnnebenkosten.

2. Der Wettbewerbsaspekt

Bezüglich der konkreten Ausformung der Teilzeitsysteme ergeben sich aus den Aspekten der Absicherung sowie des Ausbaus der Wettbewerbsposition noch weitere Flexibilisierungsanforderungen. Gerade wegen der zunehmenden Internationalisierung des Wettbewerbs ist eine erhebliche Verschärfung der Konkurrenzsituation eingetreten. Angesichts dieser Situation gewinnt der Faktor „Zeit" immer mehr an Bedeutung, weil die schnelle Bearbeitung und Entwicklung der eingehenden Aufträge zu einem strategischen Wettbewerbsfaktor wird. Um diesen Anforderungen auf Dauer gerecht zu werden, müssen die betrieblichen Arbeitszeitsysteme eine maximale Anpassungsfähigkeit an die aktuelle Bedarfslage aufweisen, weil nur dann ein entsprechend flexibler Einsatz der Arbeitskräfte realisierbar ist. Konkret bedingt dies die Ergänzung der Teilzeitarbeit mit kapazitätsorientierten Elementen, wobei verstärkt auch die Option zur Nacht- und zur Wochenendarbeit (Samstag und/oder Sonntag) benötigt wird.

3. Der Personalmarketingaspekt

Für das Angebot von Teilzeitarbeitsmodellen i.V.m. anderen flexiblen Arbeitsformen sprechen aus Sicht des Arbeitgebers ferner auch Aspekte des Personalmarketings. Um ein Optimum an Arbeitsproduktivität zu erreichen, bedarf es eines Eingehens auf die spezifischen Mitarbeiterbedürfnisse, um die Identifikation mit den Arbeitsaufgaben zu gewährleisten. Für den Bereich der Arbeitszeit bedeutet dies die möglichst weitgehende Berücksichtigung der individuellen Präferenzen. Dies erfolgt neben der Eröffnung von Gleitzeitelementen vor allem auch durch eine Angebot an verschiedenen Volumenvarianten. Die Arbeitnehmer erhalten das Recht, die ideale Arbeitszeitdauer zu wählen und ihre Zeitsouveränität zu maximieren. Die Teilzeitarbeit wird daher zu einem wichtigen Instrument des Personalmarketings zur Steigerung der Arbeitszufriedenheit und Leistungsfähigkeit der Arbeitnehmer.

Gerade bei Arbeitsverhältnissen, wo der Mitarbeiter wegen der Art der Tätigkeiten (z. B. körperliche Extremanforderungen) oder der betriebswirtschaftlich erforderlichen zeitlichen Lage (Nachtarbeit, Wochenendarbeit, hohe Kapazitätsorientierung) erheblichen Belastungen ausgesetzt ist, die seine körperliche wie psychische Leistungskraft erheblich belasten, bietet es sich an, durch ein zielgerichtetes Eingehen auf seine spezifischen Bedürfnisse unmittelbar einen Kompensationsansatz zu schaffen. Ziel ist es daher, das Akzeptanzniveau und die Leistungsbereitschaft trotz dieser prekären Bedingungen zu sichern. Sinnvoll ist folglich im Rahmen der Arbeitszeit ein konsequentes Eingehen auf die Zeitpräferenzen der Mitarbeiter bei der Ausgestaltung des chronometrischen wie des chronologischen Faktors.

Darüber hinaus ist das Angebot an Teilzeitvarianten ein wichtiges Argument bei der Rekrutierung von am Markt besonders nachgefragten Fachkräften, da gerade angesichts des Wertewandels in Richtung einer höheren Selbstverwirklichung die Zeitsouveränität neben der monetären Komponente die Entscheidung für die Begründung des Arbeitsverhältnisses beeinflußt.

Einen gegenwärtig besonders im Vordergrund stehenden Aspekt für die Implementierung von Teilzeitsystemen stellt ferner die langfristige Sicherung des betrieblichen Humankapitals dar. Bedingt durch konjunkturelle Einflüsse, aber noch entscheidender durch die Realisierung neuer Rationalisierungskonzepte, zeichnet sich in vielen Unternehmen ein abnehmender Bedarf an Arbeitskräften ab, so daß deren aktueller Bestand die aktuelle interne Nachfrage übersteigt. Die traditionelle Antwort des Managements auf diese Situation war oder ist der sukzessive Abbau der Überkapazitäten, sei es durch freiwillige Aufhebungsverträge, Vorruhestandsvereinbarungen oder durch Kündigungen. Gerade der Arbeitsplatzabbau in Form von Kündigungen, mag er noch so sozialverträglich gestaltet werden, ist schon im Vorfeld bei der Belegschaft mit erheblicher Unruhe und Verunsicherung verbunden, die sich insgesamt negativ auf die Produktivität auswirken können. Hierdurch entsteht insbesondere bei den neuen Organisationskonzepten, die zunehmend dem Faktor Arbeit eine strategische Schlüsselposition zuweisen, ein erhebliches kritisches Problempotential, das letztlich die ökonomische Fortexistenz des Unternehmens betrifft. Die hierzu benötigte hohe Arbeitsmotivation und Identifikation mit den Arbeitsinhalten als Basis für die im Wettbewerb notwendigen Qualitäts- und Produktivitätsstandards werden sich aber nur eingeschränkt bei den Beschäftigten aufrechterhalten lassen, wenn ihnen die Gefahr von Entlassungen droht. Darüber hinausgehend wird dies insbesondere auch deutlich bei ihrer Stellung im sog. kontinuierlichen Verbesserungsprozeß (KVP), dessen Ziel auch die stetige Verbesserung der Produktivität und damit auch die Erschließung neuer Rationalisierungsreserven ist (Lang/Ohl 1993, S. 47 ff.). Sie befinden sich nämlich in einer klassischen Dilemmasituation. Einerseits dienen ihre Verbesserungsideen der Stabilisierung der Marktposition ihres Unternehmens und sichern folglich auch Arbeitsplätze. Andererseits entwickelt sich parallel hierzu der Konflikt, daß zugleich die Realisierung der Optimierungskonzepte unmittelbar die Freisetzung von weiteren Arbeitnehmern ermöglicht. Die Konsequenz wäre, daß das Verhalten der Beschäftigten ihre eigene Erwerbsexistenz bedroht. Unter diesem Aspekt wäre es ökonomisch geradezu irrational, wenn die Beschäftigten an der Umsetzung neuer Rationalisierungsstrategien mitarbeiten würden.

Um diese Problematik zu entschärfen und gleichzeitig das erforderliche Engagement der Arbeitnehmer dauerhaft aufrechtzuerhalten, müssen die Unternehmen Kompensationsmechanismen entwickeln, um die Stellung der Beschäftigten abzusichern und so zu verhindern, daß sie automatisch immer zu Rationalisierungsverlierern werden (Schwan/Seipel 1994, S. 268 ff. u. Böckly 1994). Ein Ansatz, dies in die betriebliche Praxis umzusetzen, könnte neben den traditionellen Rationalisierungsschutzabkommen auch in der (kollektivvertraglichen) Vereinbarung von Beschäftigungsgarantien zu sehen sein. Diese können ferner mit einer Option zur Verkürzung des ursprünglich fixierten Arbeitszeitvolumens ohne Lohnausgleich einhergehen, um eine gewisse Kostenentlastung zu erreichen. Zugleich erhalten die Unternehmen eine permanent bestehende Personalreserve, die ihnen zudem einen genügenden Reaktionsspielraum verschafft, wenn aufgrund steigender Auftragseingänge wieder ein höherer Personalbedarf entsteht. In diesen Fällen kann dieser durch die entsprechende Erhöhung des individuellen Arbeitszeitvolumens bei den betroffenen Arbeitnehmern erfüllt werden.

Gerade der mit der Realisierung der Lean-Konzepte vielfach einhergehende umfangreiche Personalabbau erweist sich zunehmend als Schwachstelle, wenn es zu spontanen Nachfragesteigerungen kommt. Erforderlich wird dann Überstundenarbeit, bzw. die Neueinstellung von Arbeitnehmern. Oder aber die Unternehmen stehen vor der Konsequenz, die Durchführung von neuen Aufträgen gar ablehnen zu müssen.

Ein weiterer Aspekt, den es allgemein im Zusammenhang mit dem Personalabbau durch Kündigung zu beachten gilt, ist der hiermit zumeist unwiederbringliche Verlust des Humankapitals in Form von gut ausgebildeten und motivierten Fachkräften, die die spezifische betriebliche Situation kennen und sich mit ihren Arbeitsaufgaben identifizieren. Insoweit besteht immer die latente Gefahr, daß durch Entlassungen zugleich auch die ökonomische Substanz der Unternehmen nachhaltig beeinträchtigt wird. Besonders deutlich wird dies, wenn später wieder zusätzliche Arbeitskräfte benötigt werden. Sie müssen zunächst auf dem Arbeitsmarkt rekrutiert und in die spezifischen Aufgabenfelder eingewiesen bzw. qualifiziert werden. Es entstehen also Transaktionskosten in Form von Such- und Qualifizierungsaufwendungen. Insoweit stellt sich insgesamt generell die Überlegung nach der Entwicklung von Alternativen zur Kündigung als Mittel zur Anpassung des Personalstandes an den jeweiligen Bedarf. Auch hier bietet es sich an, eine Umverteilung des insgesamt benötigten Arbeitszeitvolumens auf die betroffenen Arbeitnehmer im Wege einer linearen Reduzierung des vertraglich geschuldeten Arbeitszeitvolumens durchzuführen, so daß dann Entlassungen nicht mehr erforderlich werden. Um aber auch die mit der Personalfreisetzung einhergehende Kostensenkung zu erreichen, muß die Verkürzung der Arbeitszeit ohne Lohnausgleich erfolgen. Denn nur, wenn mit dem Konzept einer Beschäftigungssicherung im Wege einer kollektiven Arbeitszeitverkürzung eine in etwa vergleichbare Entlastung von den Arbeitskosten verbunden ist, stellt sie insgesamt eine ökonomisch sinnvolle und vertretbare Alternative zur Freisetzung von Arbeitnehmern in Form von Kündigungen dar (vgl. hierzu Kilz 1993). Das betriebliche Humankapital wird somit erhalten und zugleich eine Kostenentlastung bewirkt, so daß gegenüber der Vornahme von Entlassungen eine vorteilhaftere Situation entsteht.

4. Die Kosten-Nutzen-Analyse

Während vorstehend die ökonomischen Tatbestände erläutert wurden, die die positiven Effekte flexibler Teilzeitsysteme zum Inhalt haben, sind abschließend aber auch die nachteiligen Aspekte zu erwähnen, die innerhalb einer umfassenden Kosten-Nutzen-Analyse seitens des Managements dessen endgültige Entscheidung über die Umstrukturierung der betrieblichen Arbeitszeit bestimmen. Problematisch ist in diesem Kontext die Gefahr von Kostensteigerungen, die mit der flexiblen Teilzeitarbeit einhergehen können und somit in einer Gesamtschau schließlich zu einer Nutzenminimierung führen. Ein wichtiger Tatbestand ist der Anstieg der Koordinationskosten bei den flexiblen Teilzeitarbeitsverhältnissen. Dies resultiert einmal aus dem Umstand, daß die anwachsende Flexibilität der Zeitmodelle eine immer intensivere Synchronisation des Arbeitskräfteeinsatzes mit den betrieblichen Anforderungen (z. B. Auftragsschwankungen) und die Abstimmung der Arbeitszeiten zwischen den Beschäftigten erfordert. Mit der Verkürzung der Arbeitszeiten und der Teilzeitarbeit verstärkt sich zudem dieser Koordinationsaufwand, weil unter Zugrundelegung der gegebenen Betriebsnutzungszeiten das Verhalten einer immer größeren Anzahl von Arbeitnehmern effizient organisiert und gesteuert werden muß.

Der Ausbau der Teilzeitquote bedingt ferner gegenüber dem tradierten Primat der Vollzeitarbeit einen entsprechend höheren nominalen Beschäftigtenbestand, soweit der Status Quo des Arbeitsvolumens beibehalten wird. Die Konsequenz, der in der aktuellen Teilzeitdiskussion bislang nur eine marginale Bedeutung zukommt, ist die Folgewirkung einer sukzessiven weiteren Belastung mit den Arbeitskosten. Gerade der höhere Mitarbeiterstand beinhaltet die Gefahr eines Anstiegs der Lohnfortzahlung im Krankheitsfall, weil zumindest theoretisch eine entsprechend höhere Personenzahl hierauf einen Anspruch hat. Bei der Realisierung von Teilzeitwünschen primär der Mitarbeiter ergibt sich darüber hinaus ein zusätzlicher Block an Lohnnebenkosten, wenn sich die Beschäftigtenzahl im Unternehmen erhöht. Dazu zählen vor allem die Beiträge zur Sozialversicherung, die vermögenswirksamen Leistungen und sonstige Gratifikationen. Diese Aufwendungen fallen aber in einem weitaus geringeren Maße an, soweit die Vollzeitsysteme beibehalten werden und der zusätzliche Arbeitskräftebedarf durch die Absolvierung von Überstunden bzw. durch den Einsatz von Leiharbeitnehmern abgedeckt wird. Für das Unternehmen ist daher das Eingehen auf die Teilzeitpräferenzen der Arbeitnehmer neben den erwarteten ökonomischen Nutzensteigerungen (Ausbau der Arbeitsproduktivität) auch mit gewissen zusätzlichen Aufwendungen verbunden.

Aus dieser Konstellation kann sich auf seiten des Arbeitgebers eine restriktive Haltung gegenüber der Teilzeitarbeit entwickeln, soweit er die Gefahr des Nichterreichens der prognostizierten Nutzensteigerung subjektiv als relativ hoch einschätzt und als Umkehrschluß noch zusätzliche finanzielle Belastungen fürchtet. Insoweit nämlich liegt eine unsichere Entscheidungssituation zugrunde, weil zwar die Kosten abschätzbar sind, nicht aber die ökonomischen Effizienzsteigerungen im konkreten Einzelfall.

II. Die Arbeitnehmerposition

1. Der Aspekt der Zeitsouveränität

In bezug auf die Motivation der Beschäftigten zur Begründung von Teilzeitarbeitsverhältnissen sind im wesentlichen folgende Aspekte von Relevanz.

Problematisch ist dabei die Konstellation der sog. Zwangsteilzeit. Sie ist gegeben, wenn die Teilzeitarbeit die einzige realisierbare Beschäftigungsalternative darstellt und der Wunsch nach einem Vollzeitarbeitsplatz von vornherein nicht verwirklicht werden kann. Die Teilzeitarbeit entspricht also insoweit nicht dem Primärinteresse der Arbeitnehmer und ist damit nicht Ausdruck ihrer Zeitsouveränität. In diesem Kontext dürfte aber die dauerhafte Stabilisierung der Motivation erheblich erschwert werden, was sich wiederum nachteilig auf die Arbeitsproduktivität auswirkt.

Im Gegensatz dazu entspricht die sog. Wahlteilzeitarbeit den Zeitpräferenzen der Arbeitnehmer und fördert ihre Zeitsouveränität. Die Beschäftigten erhalten damit die Option zur Festlegung eines Arbeitszeitvolumens, das ihren Vorstellungen nahekommt.

Demgegenüber besteht schließlich eine ambivalente Situation bei Teilzeitsystemen, die zwar nicht unbedingt den Primärinteressen der Mitarbeiter entsprechen, jedoch für diese eine gewisse Verbesserung ihrer Lage beinhalten. Ein derartiger Tatbestand ist gerade bei den Arbeitszeitverkürzungen zur Beschäftigungssicherung gegeben, die als Alternative zu ansonsten erforderlichen Freisetzungen von Arbeitnehmern geplant werden.

Für die betroffenen Arbeitnehmer stellt sich folglich die Frage, ob sie für die Option einer Weiterbeschäftigung, die eventuell auch durch eine ausdrückliche Beschäftigungsgarantie abgesichert ist, reale Einkommensverluste in Kauf nehmen oder ob sie stattdessen ihrerseits die gegebene Abwanderungsmöglichkeit realisieren sollen. Diese Entscheidung ist davon abhängig, inwieweit der einzelne Arbeitnehmer der Sicherung des bestehenden Arbeitsverhältnisses einen Nutzen einräumt, der den Schaden der konkreten Lohneinbuße übersteigt. Es muß also ein Abwägungsprozeß stattfinden, der von verschiedenen Variablen abhängt:

Hat der individuelle Arbeitnehmer die Chance, sofort eine neue Tätigkeit aufzunehmen, und erreichen die damit verbundenen Kosten und Aufwendungen nicht die Höhe der mit der Arbeitszeitverkürzung einhergehenden Einkommensverluste, so besteht kein Anreiz für die Inanspruchnahme einer Beschäftigungsgarantie. Vielmehr tritt eine Verbesserung der ökonomischen Lage durch einen Arbeitsplatzwechsel ein. Kann aber mangels anderweitiger Beschäftigungsgelegenheiten die Abwanderungsoption von vornherein nicht genutzt werden oder ist diese mit einem beträchtlichen Kostenrisiko und Unsicherheiten belastet, so hat zunächst der Erhalt des bestehenden Arbeitsplatzes als Existenzgrundlage einen größeren Wert, der die folgenden finanziellen Nachteile ausgleicht. Dementsprechend wird auch die Bereitschaft der Arbeitnehmer zur Hinnahme von Arbeitszeitsystemen, die eine Reduzierung der Arbeitszeit ohne Lohnausgleich vorsehen, grundsätzlich in dem Maße wachsen, wie deren Abwanderungsmöglichkeiten vollständig ausgeschlossen bzw. erschwert sind.

Ferner ist in diesem Zusammenhang auch relevant, in welchem Umfang die Senkung der Arbeitszeit und des Einkommens erfolgt. Je größer diese Schritte sind, desto mehr nähern sie sich den staatlichen Transferzahlungen, die bei der Arbeitslosigkeit bei einem ursprünglichen Vollzeitarbeitsverhältnis gewährt werden. Die Fortsetzung des Arbeitsverhältnisses auf Grundlage einer reduzierten Arbeitszeit wird aus monetären Erwägungen für den Beschäftigten folglich immer unattraktiver. In diesem Moment besteht der Vorteil primär darin, daß einmal durch das Verbleiben im Arbeitsprozeß mögliche Abwertungen des individuellen Fachwissens aufgrund längerer Arbeitslosigkeit verhindert werden und ferner auch die realistische Anwartschaft besteht, daß später, nach Überwindung der prekären ökonomischen Lage, das Arbeitszeitvolumen wieder heraufgesetzt wird.

Ein weiteres Limit für die Akzeptanz von Verkürzungen der Arbeitszeit ohne Lohnausgleich stellt ferner der Aspekt der Existenzsicherung dar. Soweit durch die anstehenden finanziellen Verluste das für den Lebensunterhalt unabdingbar notwendige Einkommen nicht mehr erzielt werden kann, ist die Toleranzgrenze auf seiten der Beschäftigten überschritten (siehe zu der allgemeinen monetären Problematik von Arbeitszeitverkürzungen Reh/Kilz 1992, S. 165). Dann erwächst automatisch ein starker Abwanderungsdruck. Folglich ist der Handlungsspielraum zu Arbeitszeitverkürzungen durch das jeweils zugrundeliegende Einkommensniveau determiniert. Insgesamt wird somit deutlich, daß die Zustimmung der Beschäftigten zu diesem Ansatz der Arbeitszeitgestaltung, der eine Absicherung der bestehenden Arbeitsplätze anstrebt, von den gegebenen spezifischen Bedingungen abhängt, die den Entscheidungsprozeß des Arbeitnehmers beeinflussen.

2. Der monetäre Aspekt

Neben den vorstehend erläuterten Motiven, die für die Begründung eines Teilzeitarbeitsverhältnisses kausal sind, zeichnen sich aber auf der anderen Seite auch Faktoren ab, die eine massive Blockade bezüglich der Teilzeitakzeptanz bewirken können. Sie sind ausschließlich im monetären Bereich anzusiedeln und resultieren aus dem Umstand von Einkommensverlusten, die aus der Absenkung der Arbeitszeit ohne Lohnausgleich entstehen. Dies gilt entsprechend für das erstmalige Besetzen eines Teilzeitarbeitsplatzes, wo der Mitarbeiter im Vergleich zu einem Vollzeitvolumen von vornherein eine geringere Einkommenserwartung auf Dauer akzeptieren muß. Weitere finanzielle Einbußen resultieren ferner aus einem ebenfalls abgesenkten Altersruhegeld, für dessen Berechnung auch die Höhe des Erwerbseinkommens maßgeblich ist. Zudem reduzieren sich auch die Lohnersatzleistungen, die bei Eintritt der Arbeitslosigkeit gewährt werden (Arbeitslosengeld), da deren Umfang nach dem Nettolohn berechnet wird. Insgesamt ist somit die Teilzeitarbeit in finanzieller Hinsicht mit nicht unerheblichen Folgen belastet, die die übrigen positiven Effekte (Zeitsouveränität, Beschäftigungssicherung) relativieren. Sie verliert daher mit steigendem Umfang der Einkommenseinbußen zunehmend an Attraktivität, so daß ihre Akzeptanz schwindet.

III. Konsequenzen

Anknüpfend an die Darstellung der ökonomischen Rahmenbedingungen ist nunmehr zu prüfen, inwieweit die dort erkennbaren Problemtatbestände, die der Verbreitung effizienter Teilzeitsysteme entgegenstehen, durch geeignete Lösungsansätze überwunden werden können. Von grundlegender Bedeutung ist dabei die Initiierung genügender Anreize, die bei allen beteiligten Akteuren die Teilzeitbereitschaft steigern und die bislang noch existierenden Widerstände, die sich aus ökonomischen Nutzenkalkülen ergeben, nachhaltig überwinden.

1. Implementierungsanreize für das Unternehmen

Für das Unternehmen steht vor allem bei den von den Arbeitnehmern initiierten Teilzeitmodellen die Reduzierung der damit einhergehenden Zusatzkosten im Vordergrund, durch die die ansonsten erreichbaren ökonomischen Effizienzgrade (Produktivitätssteigerungen, Reduzierung der Fehlzeiten) minimiert werden.

a.   Intensivere Betriebsorientierung der Arbeitszeitgestaltung

Um in diesem Sektor eine Entlastung zu erzielen, bietet sich als erstes eine optimierte Ausrichtung der Arbeitsorganisation unter dem Aspekt der Kostensenkung an. Zu diesem Zweck sollte von vornherein eine Verknüpfung der Teilzeitarbeit mit flexiblen Gestaltungselementen erfolgen, durch die der Fixkostencharakter beim Faktor Arbeit relativiert wird. Wichtig ist in diesem Zusammenhang vor allem die Implementierung kapazitätsorientierter Module in die Teilzeitsysteme, die eine enge Synchronisation von Bedarf und Arbeitsangebot garantieren und unnötige Kosten aufgrund von unproduktiven Leerzeiten und ansonsten fälligen Überstundenzuschlägen begrenzen.

Begleitend ist des weiteren auf die Erreichung der maximal erforderlichen Betriebsnutzungszeit zu achten, indem die Teilzeit von vornherein in entsprechend komplexe Freischichtsysteme (Multi-Schicht-Konzept) integriert wird. Konkret heißt dies, daß die Mitarbeiter zur Verwirklichung ihrer Zeitsouveränität im Bereich der Arbeitszeitdauer zur Akzeptanz betrieblicher Belange bei deren konkreter Verteilung bereit sein müssen. Einen weiteren Gesichtspunkt zur Reduzierung der Koordinationsaufwendung stellt die Schaffung längerer komprimierter Arbeitsblöcke dar, in denen die Mitarbeiter wie Vollzeitbeschäftigte tätig sind, so daß die komplizierte Steuerung kleinerer Arbeitseinheiten entfällt. Ergänzend bietet sich auch eine stärkere Einbindung der Arbeitnehmer in den Planungsprozeß an, indem diese untereinander ihren jeweiligen Arbeitseinsatz im Team festlegen und abstimmen.

Dieser Ansatz liegt den sog. Group-Sharing-Modellen zugrunde und steht auch in Übereinstimmung mit der sich immer mehr durchsetzenden Gruppenarbeit, durch die die organisatorischen Voraussetzungen geschaffen werden.

b.   Staatliche monetäre Leistungen

Mit den vorstehenden Maßnahmen wird zwar die Option zur Reduzierung der Arbeitskosten geschaffen, jedoch ist es fraglich, ob durch ihre Umsetzung bereits die für das Unternehmen mit der Einführung von Teilzeitmodellen entstehenden Zusatzbelastungen genügend kompensiert werden. Problematisch sind die Lohnnebenkosten (Sozialversicherung, Lohnfortzahlung im Krankheitsfall, Gratifikationen) deren Höhe entscheidend von dem Personalstand im Unternehmen abhängt. Gerade für kleinere und mittlere Unternehmen resultiert hieraus eine entscheidende Barriere für die verstärkte Implementierung von zeitreduzierten Arbeitsverhältnissen, wie sie insbesondere unter dem Aspekt der Beschäftigungssicherung forciert werden. Um hier ein Innovationshemmnis abzubauen, wäre zu überlegen, ob nicht ein finanzieller Anreiz durch staatliche Transferzahlungen gesetzt werden sollte.

Hierdurch würde eine zumindest teilweise Kompensation der Zusatzbelastungen erzielt werden. Seitens der hoheitlichen Kostenträger besteht der Vorteil in der Ersparnis ansonsten fälliger Leistungen in Form von Arbeitslosengeld, Arbeitslosenhilfe oder später gar von Sozialhilfe. Dieser Gesichtspunkt ist ja insbesondere bei den Arbeitszeitverkürzungen im Rahmen der Beschäftigungssicherung von Relevanz. Anstelle der Finanzierung von Arbeitslosigkeit tritt dann eine aktive Förderung einer produktiven Beschäftigung, so daß sich auch der gesamtwirtschaftliche Nutzen erhöht.

2. Implementierungsanreize für die Beschäftigten

Aber auch auf seiten der Beschäftigen gilt es mögliche Vorbehalte, die zu einer niedrigen Teilzeitakzeptanz führen, abzubauen. Diese Situation ist zunächst bei den Tatbeständen der unfreiwilligen Teilzeitarbeit gegeben, setzt sich aber auch bei der ursprünglich präferierten Teilzeitarbeit fort, sobald diese nachträglich als nachteilig empfunden wird.

a. Erhöhung der Zeitsouveränität

Als Ansatz zur Auflösung dieser Konfliktlage kann zunächst auf der Ebene der Arbeitszeitorganisation ein gewisser Ausgleich durch die Implementierung von Gestaltungsoptionen, die zu einer Steigerung der Zeitsouveränität führen, erfolgen. Zu denken ist dabei an eine Intensivierung der Gleitzeitelemente und eine Mitsprache bei der Schichtplanung sowie der Verteilung der Freizeiteinheiten.

b. Kompensation der Einkommenseinbußen

Ein weiteres Problem, welches es zu lösen gilt, sind die mit der Teilzeitarbeit einhergehenden Einkommensverluste, die gerade längerfristig zu einer ablehnenden Einstellung führen können. Das Resultat ist eine von vornherein artikulierte Ablehnung bezüglich der Begründung eines Teilzeitarbeitsverhältnisses, oder aber es wird später versucht, wieder auf einen Vollzeitarbeitsplatz zu wechseln. Soweit dies bei flächendeckend durchgeführten Arbeitszeitverkürzungen auf Grundlage der Beschäftigungssicherungskonzepte gerade nicht möglich ist, besteht aber die Gefahr einer sich verfestigenden Unzufriedenheit mit der aktuellen Arbeitssituation, die ihrerseits zu einem Rückgang der Motivation und Leistungsfähigkeit führen kann. Es würde dann das latente Risiko einer Verschlechterung der Produktivität geschaffen, so daß im Ergebnis für das Unternehmen Nutzenverluste eintreten.

Parallel ist darüber hinaus auch mit einer Zunahme von sozialen Konflikten zu rechnen, wenn bei den Arbeitnehmern aufgrund der negativen Einschätzung ihrer Gesamtsituation das Frustrationspotential sukzessive zunimmt. Wesentliche Faktoren hierfür sind die finanziellen Einbußen, die zu einer Selbstbeschränkung führen, und die fehlenden Möglichkeiten einer sinnvollen Verwendung der erlangten Freizeiteinheiten.

Die vorstehend dargestellten Aspekte weisen deutlich darauf hin, daß es im Interesse sowohl der Unternehmen als auch des Staates ist, daß ergänzende Maßnahmen konzipiert werden, die zu einem gewissen ökonomischen Ausgleich für die Teilzeitarbeitnehmer führen und zudem zu einer sinnstiftenden Freizeitnutzung beitragen. Gerade für die Kollektivvertragsparteien stellt sich eine strategisch wichtige Aufgabe, indem sie die Grundlage für die Realisierung eines derartigen Kompensationsansatzes schaffen.

aa. Die Gewährung staatlicher Transferleistungen

Ein Handlungskonzept ist zunächst in einer gezielten Förderung der Teilzeitmotivation durch die Gewährung staatlicher Zuschüsse zu sehen, die vorab die finanzielle Belastung minimiert. Denkbar wäre beispielsweise die Zahlung einer einmaligen Teilzeitprämie für Arbeitnehmer, die freiwillig ihre Arbeitszeit verkürzen wollen oder die Leistung eines befristeten Lohnzuschusses, um in der ersten Übergangsphase die Einkommensverluste in gewissem Umfang auszugleichen. Weitaus problematischer ist aber die Absenkung der allgemeinen sozialen Absicherung, die mit der Teilzeitarbeit verbunden ist.

So führt eine Arbeitszeitverkürzung ohne Lohnausgleich zu einer Reduzierung des Arbeitslosengeldes wie der späteren Rentenhöhe. Zu überlegen wäre daher eine gewisse Abkoppelung dieser Leistungen von der Einkommenshöhe. Auf diese Weise würden spätere finanzielle Einbußen abgemildert.

So könnte eine Abkoppelung des Arbeitslosengeldes von dem als Berechnungsgrundlage zu berücksichtigenden Nettoarbeitslohn dergestalt erfolgen, daß für den Fall des Eintrittes der Arbeitslosigkeit ein gewisser Teilzeitbonus gewährt wird, durch den eine Aufstockung des Arbeitslosengeldes erfolgt (so nunmehr § 112 Abs. 4a AFG). Daneben kann auch bei der Berechnung der Leistungen aus der Arbeitslosenversicherung der Gedanke der Vollzeitarbeitsverhältnisfiktion weiter fortgeführt werden, also die Teilzeitbeschäftigten so gestellt werden, als wären sie Vollzeitbeschäftigte. Um eine zu große Überlastung der Arbeitslosenversicherung auszuschließen, kann diese Regelung von der Bedingung abhängig gemacht werden, daß diese Fiktion nur soweit gilt, wie die Reduzierung des individuellen Arbeitszeitvolumens innerhalb einer bestimmten Zeitspanne vor dem Eintritt der Arbeitslosigkeit erfolgt ist. Realisierbar ist aber auch eine abgestufte Gestaltung, die die Gleichstellung von Vollzeit- und Teilzeitarbeitsverhältnis immer weiter abbaut, je länger der Zeitpunkt, in dem die Umstellung erfolgt ist, zurückliegt. Durch diesen Modus erfolgt eine entscheidende Absicherung gerade der Arbeitnehmer, deren Arbeitszeit mit dem Ziel einer konkreten Beschäftigungssicherung verkürzt wurde.

Eine weitere Möglichkeit zu einer Förderung der Teilzeitbereitschaft bei den Arbeitsvertragsparteien liegt ferner in einer Entlastung bei den Abgaben zur Sozialversicherung (Arbeitslosen-, Rentenversicherung), wodurch im Ergebnis eine gewisse Kompensation der zusätzlichen Koordinationskosten bzw. des Lohnausfalles erreicht wird (vgl. hierzu auch Stratmann-Mertens 1995, S. 96). Da aber vor allem die Verringerung des Einkommens ein Haupthindernis bei den Mitarbeitern für eine entscheidende Arbeitszeitreduzierung ohne Lohnausgleich ist, sollte der Schwerpunkt insoweit auf ihrer Entlastung von staatlichen Abgaben liegen. Erreicht werden kann dies durch die Gewährung von Zuschüssen zu den weiter zu entrichtenden Beiträgen.

Daneben ist im Rahmen einer allgemeinen Rentenreform auch eine Veränderung des Bemessungssystems bei der Rentenversicherung zu überlegen. Denn ein Grund für eine mangelnde Teilzeitbereitschaft dürfte in der Befürchtung liegen, daß als spätere Folgewirkung die zu erwartenden Rentenansprüche zu gering ausfallen und zu einer erheblichen Minderung des Lebensstandards im Alter führen. Soweit wie sich gegenwärtig die Höhe der Rente, die ein Arbeitnehmer im Alter bezieht, neben den Beitragsjahren auch nach dem erzielten Arbeitseinkommen richtet, ist diese Gefahr auch gegeben. Als Lösung bietet sich zur Grundabsicherung die rechtliche Gewährung einer staatlich garantierten Mindestrente an, die für die Arbeitnehmer eine sichere Planungsgrundlage darstellt. Ergänzend ist ferner auch eine Abänderung des Berechnungsmodus zu überlegen, der zumindest den temporären Wechsel zwischen Voll- und Teilzeitarbeitsplätzen nicht nachteilig bewertet (vgl. Schabedoth 1991, S. 177). Insoweit bieten sich Anlehnungen an Rentensysteme, wie sie bereits in einigen Staaten der EU bestehen, an (vgl. Acker 1994, S. 16 ff.). So orientiert sich die Rentenhöhe in Frankreich ausschließlich an den besten zehn Versicherungsjahren im Verlauf der individuellen Erwerbsbiographie. Soweit also in diesen ein Vollzeitarbeitsverhältnis bestanden hat, fällt die Arbeitszeitverkürzung bei der späteren Rente nicht negativ ins Gewicht. Demgegenüber erfolgt in anderen Staaten die Ermittlung der Rentenhöhe ausschließlich unter Einbeziehung der fünf letzten Versicherungsjahre. Soweit also innerhalb dieser Zeitspanne eine Vollzeitbeschäftigung bestand, finden vorherige Teilzeittätigkeiten keine Beachtung. Sie bewirken keine Schmälerung des Rentenbezugs mehr. Der Vorteil dieser Gestaltungsansätze liegt sicherlich in der damit einhergehenden mittelbaren Förderung von Teilzeitinitiativen. Problematisch ist aber in diesem Zusammenhang die Gefahr eines nicht vorhersehbaren Kostenanstieges bei gleichzeitig geringer werdenden Beitragszahlungen seitens der Arbeitnehmer. Auch wenn durch Einsparungen von staatlichen Transferzahlungen für die Tatbestände der Arbeitslosigkeit entsprechende Ausgleichsleistungen in die Rentenkasse erbracht werden können, bleibt doch ein gewisses finanzielles Restrisiko bestehen. Insoweit müssen dann die staatlichen Institutionen zusätzliche Beiträge zur Deckung und zum Erhalt der Zahlungsfähigkeit erbringen. Um deshalb als Korrektiv von vornherein eine gewisse Begrenzung einer zu starken nicht mehr zu kanalisierenden Kostenentwicklung zu gewährleisten, bietet sich eventuell ein aus beiden Elementen kombiniertes Modell zur Rentenberechnung an, das sowohl auf die letzten Versicherungsjahre vor Eintritt des Rentenfalls als auch ergänzend auf die besten Versicherungsjahre abstellt. Hierdurch wird im Ergebnis sichergestellt, daß die konkrete Arbeitstätigkeit über einen längeren Zeitraum hinweg erfaßt und berücksichtigt wird.

Dies bedeutet zugleich eine stärkere Beachtung der kontinuierlichen individuellen Erwerbsbiographie und der geleisteten Beitragszahlungen, wodurch einmal ein zu großes Auseinanderdriften von den Einnahmen der Rentenkassen gegenüber den zu erbringenden Leistungen verhindert und zum anderen eine größere Rentengerechtigkeit hergestellt wird. Auch erhält der Staat einen entsprechend flexiblen Gestaltungsspielraum, um auf sich abzeichnende Veränderungen zu reagieren. Allein durch die Definition des Umfanges der jeweiligen Zeiträume, die für die Bemessung der Rentenhöhe relevant sind, erfolgt eine Festlegung über die Auswirkungen der Teilzeitarbeit auf den späteren Rentenbezug. Denn je länger diese Zeiträume sind, desto eher kann auch ihre anspruchsmindernde Einbeziehung in die Rentenberechnung erfolgen. Dies gilt für den Fall nicht ausreichend langer Vollzeitbeschäftigungsverhältnisse, um die vorgegebenen Zeitspannen auszufüllen. Aber unter grundsätzlicher Beibehaltung des bestehenden Rentenversicherungssystems ist eine besondere Förderung der Teilzeitbeschäftigung durch die Gewährung besonderer Zuschüsse des Staates, die die Rentenanwartschaften dieser Arbeitnehmer erhöhen, möglich. Trotz ihrer geringeren Beiträge infolge des reduzierten Arbeitsvolumens nähert sich hierdurch ihr persönliches Rentenkonto dem eines Vollzeitbeschäftigten bis zu einem gewissen Grad an. In diesem Zusammenhang ist auch ein modifiziertes und abgestuftes Subventionssystem realisierbar, das hinsichtlich des Zeitrahmens eine differenzierte Förderung normiert, indem es mit zunehmender Dauer den Umfang der Zuschußgewährung sukzessive sinken läßt. Hierdurch werden vor allem kurzfristige und punktuelle Teilzeittätigkeiten innerhalb der persönlichen Erwerbsbiographie stärker belohnt als die permanente Absenkung der Arbeitszeit. Auf diese Weise entfällt eine spätere Benachteiligung von Arbeitnehmern, die aus privaten Gründen (z. B. Kindererziehung, Krankenbetreuung) oder aus Gründen der Beschäftigungssicherung phasenweise in ein Teilzeitarbeitsverhältnis übergewechselt sind. Dieser Ansatz wird gegenwärtig im Rahmen der Teilrenten verwirklicht. Als Alternative zur nicht mehr finanzierbaren Frühverrentung älterer Arbeitnehmer wird statt dessen nunmehr ein Modell der Altersteilzeit dergestalt angeboten, daß die Mitarbeiter nur noch 50 Prozent ihres ursprünglichen Arbeitszeitvolumens erbringen und hierfür einen Lohnzuschuß in Höhe von 20 Prozent bei gleichzeitiger Übernahme von Sozialversicherungsbeiträgen erhalten.

bb. Die Förderung von mehrwertsteigernden Aktivitäten

Neben diesen finanziellen Zuschüssen und Subventionen gilt es vor allem aber nutzenbringende Angebote zu initiieren, die neben einer sinnstiftenden Bedeutung auch die Funktion zur Kompensation finanzieller Einbußen haben, die mit der Arbeitszeitverkürzung ohne Lohnausgleich verbunden sind.

Einen wichtigen Beitrag hierzu leistet die Förderung der sog. mehrwertsteigernden Aktivitäten. Unter dieser Bezeichnung sollen all die Freizeitaktivitäten zusammengefaßt werden, die nicht nur der Befriedigung der immateriellen Bedürfnisse der Arbeitnehmer dienen, sondern darüber hinaus vielmehr auch unmittelbar oder mittelbar zu einer Verbesserung ihrer monetären Situation beitragen.

Es kann sich hierbei zunächst einmal um eine klassische Nebentätigkeit, sei es im Sinne eines zweiten eigenständigen Arbeitsverhältnisses oder einer selbständigen Arbeit, handeln. Daneben zählen zu diesem Bereich sämtliche Leistungen, die zu einer objektiv nachweisbaren ökonomischen Nutzensteigerung führen, weil eine zusätzliche Einnahmequelle erschlossen wird oder aber ansonsten zu erbringende finanzielle Aufwendungen eingespart werden. Mit den mehrwertsteigernden Aktivitäten erhalten die Beschäftigten die Chance zur Absicherung und Verbesserung des Lebensstandards.

aaa. Erwerbswirtschaftliche Aktivitäten

Ein Segment stellt in diesem Zusammenhang die Aufnahme rein erwerbswirtschaftlicher Tätigkeiten auf selbständiger Basis oder als abhängig Beschäftigte dar. Sie können eine sinnvolle Ergänzung zur originären Ursprungsbeschäftigung darstellen, weil hierdurch der Mitarbeiter die Chance erhält, eigenverantwortlich neue Fertigkeiten auszuprobieren und anzuwenden. Gerade dazu ist die Aufnahme einer selbständigen Tätigkeit geradezu prädestiniert. Gleichzeitig bleibt aber die relative Sicherheit einer Basisbeschäftigung im Stammunternehmen weiterhin bestehen, so daß eine soziale Grundversorgung weiterhin vorliegt und die ansonsten gegebenen Risiken von Existenzgründern abgefedert werden.

Für das Unternehmen liegt der Vorteil in einer Verbesserung des Humankapitals, da der Arbeitnehmer mit seinem außerberuflichen Engagement neue Fähigkeiten und Kenntnisse zwangsläufig entwickeln muß, die als Rückkoppelung auch an seinem betrieblichen Arbeitsplatz einsetzbar sind.

Darüber hinaus ist ferner zu überlegen, ob nicht die (Teilzeit-) Beschäftigten mit in die Externalisierungsstrategien einbezogen werden sollen. Anstelle eines Outsourcing-Konzeptes, welches primär auf die Einschaltung externer Anbieter abstellt und immer mit der Gefahr von Know-how-Verlusten und Kompetenzeinbußen verbunden sein kann, wird dann eine Übertragung der Unternehmensaufgaben auf die Arbeitnehmer vollzogen, die diese dann als Selbständige erfüllen. Der Arbeitgeber realisiert auf diese Weise die ökonomischen Nutzensteigerungen durch die die Umsetzung der Externalisierung verwirklicht wird, während die Mitarbeiter die Chance erhalten, ihr Einkommen entsprechend aufzubessern und zusätzliche Gewinnchancen zu erschließen. Insgesamt wird also mit der Forcierung der selbständigen Erwerbsarbeit das Fundament für allgemeine ökonomische Wohlfahrtssteigerungen geschaffen. Es werden folglich Mischformen der Erwerbstätigkeit begründet, bei denen die Mitarbeiter einen Teil ihrer Aufgaben weiterhin innerhalb des bestehenden Arbeitsverhältnisses erledigen und darüber hinaus ergänzend im Rahmen eines Dienst- bzw. Werkverhältnisses eigenverantwortlich tätig sind.

bbb. Integration in Infrastrukturprojekte

Einen weiteren Ansatz der mehrwertsteigernden Aktivitäten stellt die Integration der Teilzeitarbeitnehmer in spezifische staatlich initiierte Projekte dar, die auf eine Optimierung der sozialen wie gesellschaftlichen Infrastruktur abzielen. Die Beschäftigten erhalten auf diese Weise eine zusätzliche Vergütung, die zu einer Aufstockung ihres Einkommens führt. Denkbar ist primär eine Integration der Arbeitnehmer in den sozialen Sektor (Pflege und Betreuung), wo sie entsprechend ihren Kenntnissen und Neigungen eingesetzt werden. Ergänzend bietet sich zudem eine stetige Weiterqualifizierung an. Der Vorteil besteht darin, daß der aktuell erkennbare Personalmangel beseitigt werden kann, so daß der notwendige Ausbau der Angebote auch in personeller Hinsicht gewährleistet ist. Gerade die Flexibilisierung der Arbeitsorganisation bedingt zunehmend auch eine entsprechende Anpassung der sozialen Infrastruktur.

Ein weiteres Einsatzfeld stellt der Umweltbereich dar, in den die Arbeitnehmer integriert werden können. In diesem Zusammenhang ist der Einsatz in unterschiedlichen Projekten denkbar, in denen die Mitarbeiter auch möglichst umfassend ihre im Arbeitsleben erworbenen Kenntnisse anwenden sollen. Neben den klassischen Sanierungsprojekten, die sich auf die Beseitigung bereits eingetretener Schäden beziehen (Altlasteneliminierung, Renaturierung von Landschaften), sind darüber hinaus Maßnahmen zur Realisierung offensiver Konzepte anzustreben, die auf eine nachhaltige Vermeidung künftiger Belastungen und Risiken hinwirken (städtebauliche Maßnahmen, neue Verkehrskonzepte, Müllvermeidungsstrategien, Recyclinginitiativen). Des weiteren kann ferner auch eine spezielle Beratungseinrichtung gebildet werden, die sachkundige Hinweise und Lösungsmöglichkeiten für nachfragende Privatpersonen sowie private oder öffentliche Institutionen geben können.

Zugleich können die Arbeitnehmer die durch die Mitarbeit im Umweltbereich erlangten Erfahrungen in ihr Unternehmen weitertragen und dort gleichfalls an Verbesserungen der ökologischen Rahmenbedingungen mitwirken. Es findet dann ein zweiseitiger Wissensaustausch in der Weise statt, daß Umwelt-Know-how verstärkt in die Betriebe gelangt und zugleich aktuelles Wissen, das dort erworben wird, für ökologische Projekte nutzbar gemacht werden kann. Insoweit bieten sich hier ebenfalls vielfältige Aktionsfelder, in denen die beteiligten Akteure tätig sein können. Das Spektrum reicht von spezifischen unmittelbaren Fachtätigkeiten bis hin zu allgemeinen Organisationsaufgaben (Verwaltung, Planung). Um einen möglichst effizienten Einsatz der aufgewendeten sachlichen wie finanziellen Mittel sicherzustellen, bedarf es insbesondere eines an ökonomischen Kriterien ausgerichteten Managements zur Durchführung der angestrebten Projekte. Um dieses auf Dauer oder auch nur punktuell zu rekrutieren, bietet sich gerade der Ansatz einer Verknüpfung des traditionellen Arbeitsverhältnisses mit dem Teilzeitengagement im Umweltbereich an. Hierdurch wird von vornherein verhindert, daß das Humankapital von Führungskräften aufgrund der Abkoppelung von dem betrieblichen Geschehen und damit von der Herausforderung der Marktprozesse, die ein permanenter Anlaß zum Ausbau der bestehenden individuellen Wissensbasis sind, sukzessive abgebaut wird, weil dieser Wettbewerbsbezug nicht in dem Maße vorliegt. Insofern würde sich bei einer längerfristigen Mitarbeit die Gefahr einer Erschwerung der Rückkehr ins ursprüngliche Berufsleben ergeben. Diese wird aber schon von vornherein minimiert, soweit das betriebliche Arbeitsverhältnis weiter fortgeführt wird und beide Bereiche sich ergänzen statt sich gegenseitig auszuschließen.

Dieser Aspekt ist aber auch für die übrigen Akteure durchaus von Bedeutung. Durch die Aufteilung ihrer Erwerbsbiographie in der kontinuierlichen Fortführung des Arbeitsverhältnisses und der Mitarbeit in Umweltinitiativen partizipieren sie auch weiterhin, wenn auch zeitlich reduziert, unmittelbar an den Ereignissen und den Anforderungen, die der beschriebene Wandel der Wettbewerbssituation mit sich bringt. Somit befindet sich auch ihr Wissensstand auf dem jeweils bestehenden aktuellen Niveau. Eine Abkoppelung von den marktwirtschaftlichen Abläufen und eine damit einhergehende Entwertung ihres Humankapitals, wie sie insbesondere bei einem Einsatz in vom Wettbewerb abgeschotteten Bereichen, wozu (noch) der gesamte Komplex des staatlich organisierten Umweltschutzes gehört, als latente Gefahr gegeben ist, kann durch diesen Kombinationsansatz verhindert werden. Zugleich ist ferner auch noch ein flexibler und offener Gestaltungsspielraum zur Reaktion auf mögliche Veränderungen gegeben.

Sollte nämlich in einzelnen Unternehmen aufgrund einer Nachfrageerweiterung gleichzeitig der Bedarf an Arbeitskräften anwachsen, könnte anstelle der ansonsten nur kurzfristigen Neuanstellung von Mitarbeitern bedürfnisgerecht das Arbeitszeitvolumen innerhalb der bestehenden Arbeitsverhältnisse für den benötigten Zeitraum aufgestockt werden. Im Gegensatz zu diesem Kombinationsansatz erfolgt aber eine völlige Isolation bei den sog. Beschäftigungsgesellschaften, die im Bereich des Umweltschutzes tätig sind. Bei diesen Maßnahmen im sog. zweiten Arbeitsmarkt fehlt es sowohl bezüglich der Projektrealisierung als auch der gleichzeitig bezweckten Verbesserung des Humankapitals der dort eingesetzten Personen an einem Bezug zu marktwirtschaftlichen Wettbewerbselementen, die zu einer effizienten Abwicklung beitragen und Fehlallokationen in den vielfach angeschlossenen Qualifizierungseinheiten verhindern (vgl. zu dieser Problematik Siebert 1992, S. 128 ff.). Ein weiteres Problem, das sich ferner hieraus ableitet, ist die Gefahr ihrer personalen Überbesetzung, da insoweit gerade kein wirksames Lenkungskorrektiv besteht und auch keine mentale Sensibilität hierfür gegeben ist. Insoweit könnte gerade das Bewußtsein für marktwirtschaftliche Selektionsmechanismen durch das Verbleiben in einem Arbeitsverhältnis auf dem sog. ersten Arbeitsmarkt positiv gefördert werden und damit die Produktivität entscheidend steigern. Dies gilt um so mehr, wenn in einer nächsten Stufe der Wettbewerbsgedanke noch stärker verbreitet wird, indem beispielsweise die geplanten Umweltprojekte und ihre Durchführung einem förmlichen Vergabeverfahren unterzogen werden. Den Zuschlag erhalten dann die Projektteams, die für die Umsetzung die geringsten Mittel einsetzen müssen. Dieser Ansatz setzt allerdings voraus, daß zuvor die staatliche bzw. auch kommunale Trägerschaft etwas gelockert wird und die Akteure dementsprechend in verschiedenen Gruppen zusammenfinden, die jeweils voneinander unabhängig sind. Diese treten in einem zuvor definierten regionalen Gebiet in eine gewisse Konkurrenz um die Auftragsvergabe.

Schließlich ist als letzte Stufe sogar vorstellbar, daß aus diesen zuvor staatlich motivierten Umweltinitiativen unter Umständen eigenständige neue Unternehmen entstehen, die von den beteiligten Mitarbeitern in eigener Regie geführt werden. Ab diesem Punkt entwickeln diese Aktivitäten immer weiter einen erwerbswirtschaftlichen Charakter, wobei folglich der Staat bzw. die privaten Haushalte sowie Unternehmen die Kundenrolle übernehmen. Die Darstellung der Möglichkeiten des Einsatzes von Arbeitnehmern in gesellschaftlich notwendigen Infrastrukturmaßnahmen macht deutlich, daß in diesem Kontext durch das vorgestellte Kombinationsmodell eine gesamtwirtschaftliche Nutzensteigerung erreicht werden kann und für alle beteiligten Akteure reale Vorteile entstehen. Wie ausgeführt, besteht für die Arbeitnehmer der Vorteil darin, daß neben dem Erhalt von zusätzlichen finanziellen Leistungen auch ihr Erfahrungshorizont wie ihre Kompetenzen erhöht werden, wobei sie zugleich die Chance zu einer größeren Selbstverwirklichung erlangen, ohne die Sicherheit des ursprünglichen Arbeitsverhältnisses aufgeben zu müssen.

Insgesamt zeigen die vorstehenden Ausführungen, daß für die vollständige Erschließung aller möglichen Teilzeitpotentiale die Zurverfügungstellung angemessener Kompensationsoptionen, die die finanziellen Einkommenseinbußen zumindest teilweise ausgleichen, unabdingbar sind. Im Gegensatz zu reinen Transferzahlungen in Form von Lohnsubventionen bietet deren Verknüpfung mit den notwendigen Infrastrukturprojekten den entscheidenden Vorteil zusätzlicher gesamtgesellschaftlicher Nutzensteigerungen, von denen alle Regelungsakteure (Staat, Unternehmen, Arbeitnehmer) profitieren. Auf diese Weise sichern sich die Unternehmen nicht nur ihr bestehendes Humankapital, sondern dieses wird sogar noch durch die Projektarbeit entscheidend qualifiziert. Demgegenüber behalten die Mitarbeiter ihren Arbeitsplatz, der ohne eine Reduzierung der Arbeitszeit im Rahmen der kollektivvertraglichen Beschäftigungssicherungsvereinbarungen ansonsten verloren gegangen wäre. Sie bleiben somit in den ersten Arbeitsmarkt integriert.

Für die staatlichen Institutionen liegt der Gewinn zunächst in der Beseitigung der Infrastrukturdefizite und in der Abmilderung sozialer Spannungen, die durch die mit der

Arbeitszeitverkürzung parallel laufenden Einkommensabsenkungen einhergehen könnten. Des weiteren werden Transferzahlungen für den Fall der Arbeitslosigkeit eingespart, soweit nämlich durch eine Verbindung der mehrwertsteigernden Aktivitäten mit einem Beschäftigungssicherungskonzept Entlassungen verhindert werden.

F. Die rechtlichen Rahmenbedingungen

In bezug auf die rechtliche Normierung der Teilzeitarbeit zeigt sich von vornherein lediglich eine relativ geringe Regelungsintensität dergestalt, daß sowohl auf der gesetzlichen als auch auf der kollektivvertraglichen Ebene lediglich rudimentäre Vorgaben existieren.

I. Die gesetzliche Ebene

Das Beschäftigungsförderungsgesetz (BeschFG) beinhaltet neben der Definition der Teilzeitarbeit (§ 2 Abs. 2 BeschFG) vor allem ein Diskriminierungsverbot (§ 2 Abs. 1 BeschFG) bei der Gestaltung der Arbeitsbeziehungen. Teilzeitbeschäftigte dürfen nicht gegenüber Vollzeitbeschäftigten nur deswegen schlechter gestellt werden, weil sie lediglich ein reduziertes Volumen erbringen. Konkret bedeutet dies eine zwingende Gleichbehandlung bei der Gewährung von Gratifikationen, beim Urlaubsumfang sowie bei der Zulassung von betrieblichen Qualifikationsprogrammen. Des weiteren regelt das BeschFG spezifische Teilzeitformen wie das Job Sharing und die KAPOVAZ. Bei der Gestaltung des Job Sharing ist zu beachten, daß die Arbeitnehmer a priori keine gegenseitige Vertretungspflicht haben (§ 5 Abs. 1 BeschFG). Für die KAPOVAZ schreibt § 4 Abs. 1 BeschFG die vertragliche Fixierung des geschuldeten Arbeitszeitvolumens vor. Ansonsten gilt die gesetzliche Arbeitszeit von 10 Wochenstunden (§ 4 Abs. 1 BeschFG). Da § 4 BeschFG keine Angaben über den Umfang des Erfüllungszeitraumes macht, kann dieser folglich frei gewählt werden und z. B. einen Kalendermonat oder ein Kalenderjahr umfassen. Wichtig ist ferner, daß der Arbeitgeber die Abruffrist von vier Tagen einhält (§ 4 Abs. 2 BeschFG).

II. Die tarifliche Ebene

Flächendeckende tarifvertragliche Regelungen über die Gestaltung von Teilzeitarbeit fehlen zum gegenwärtigen Zeitpunkt noch (siehe GK-TzA Lipke 1987, Einl. Rz. 88 u. Reh/Kilz 1992, S. 162). Insbesondere begründen die Tarifverträge für die Beschäftigten kein Recht auf Teilzeitarbeit in der Form, daß der einzelne Arbeitnehmer unter Berücksichtigung der betrieblichen Situation einen Anspruch auf Reduzierung seines Arbeitszeitvolumens ohne Lohnausgleich erlangt. Insoweit enthalten die Tarifverträge lediglich eine allgemeine Förderungspflicht des Arbeitgebers (siehe GK-TzA Lipke 1987, Einl. Rz. 88 u. Reh/Kilz 1992, S. 162). Eine wichtige Ausnahme stellt aber der Stahltarifvertrag dar, der explizit einen Teilzeitanspruch von älteren Arbeitnehmern (ab dem 50. Lebensjahr) normiert (HB Nr. 60 v. 25.03.1996, S. 1). Ein inhaltlicher Schwerpunkt der Tarifverträge liegt bei der Teilzeitarbeit auf der Festlegung von täglichen Mindestarbeitszeiten, um ein zu großes Splitting der Arbeitszeiteinheiten zum Schutze des Arbeitnehmers zu verhindern. Spezifische Förderungsansätze, die zu einer Verbreitung von Teilzeitarbeit führen, existieren nicht.

Tarifvertragliche Regelungen über die flexible Altersgrenze und den gleitenden Übergang in den Ruhestand existieren nur vereinzelt. So gibt es Tarifverträge, die zu einer Verkürzung der Wochenarbeitszeit für ältere Arbeitnehmer führen, in der Chemie- und in der Zigarettenindustrie (siehe Glaubrecht/Wagner/Zander 1988, S. 146 ff.). Dieser Ansatz ist in den Chemietarifverträgen vom Frühjahr 1996 weiterentwickelt worden (vgl. HB Nr. 65 vom 01.04.1996, S. 4). Anknüpfend an die gesetzlichen Regelungen der sog. Altersteilzeit wird bei Beschäftigten ab dem 55. Lebensjahr, die nur noch über ein halbiertes Arbeitszeitvolumen verfügen, zu den 20 % Zuschlag durch den Staat nochmals eine finanzielle Aufstockung von 15 % durch den Arbeitgeber gewährt. Der Mitarbeiter erhält somit insgesamt eine Entlohnung, die einen Umfang von 85 % des Nettolohnes eines Vollzeitbeschäftigten aufweist. Damit wird ein entscheidender Anreiz für den Abschluß eines Teilzeitverhältnisses auf seiten des Arbeitnehmers geschaffen. Ergänzend ist zudem als Option fixiert worden, daß das nunmehr geschuldete Arbeitszeitvolumen zu größeren Arbeitsblöcken zusammenfaßbar ist und der Teilzeitworker insoweit umfangreichere Arbeitsblöcke bilden darf. Als Resultat kann er dann früher aus dem Erwerbsleben ausscheiden. Allerdings bestehen bezüglich der tariflichen Teilzeitregelung zwei Restriktionen. Zum einen gilt dieses Teilzeitmodell i. V. m. der Zuschußgewährung durch den Arbeitgeber maximal 5 Jahre. Zweitens besteht für den Arbeitgeber die Verpflichtung, das freiwerdende Arbeitszeitdeputat mit der Einstellung zusätzlicher Arbeitskräfte aufzustocken.

Daneben existieren tarifvertragliche Verkürzungen der Jahresarbeitszeit, insbesondere in der Nahrungs- und Genußmittelbranche. Diese Tarifverträge sehen vor, daß die Arbeitnehmer einen Anspruch auf eine zusätzliche Freistellung einer bestimmten Zahl von Arbeitstagen für jedes volle Beschäftigungsjahr nach Vollendung des 60. Lebensjahres haben. Auch fehlen Tarifverträge zum Job Sharing.

III. Die betriebliche Ebene

Auf der betrieblichen Ebene erfolgt ebenfalls nur eine minimale Ausgestaltung von Teilzeitarbeitsverhältnissen. Vorrangiges Ziel der Betriebsvereinbarungen ist die Definition von Mindestarbeitszeitvolumen, um eine gewisse finanzielle wie soziale Grundsicherung der Beschäftigten zu garantieren. Des weiteren existieren vereinzelt Betriebsvereinbarungen über den gleitenden Übergang in den Ruhestand, durch die die Förderung von Teilzeit bei älteren Arbeitnehmern realisiert werden soll, indem monetäre Bonuszahlungen erfolgen, die zu einer Kompensation der Lohneinbußen beitragen.

IV. Die Entwicklung neuer Gestaltungsansätze

Das relativ geringe Gestaltungsniveau bezüglich der Teilzeitarbeit findet aber gegenwärtig eine qualitative wie quantitative Aufwertung. Verantwortlich für diese Tendenz sind vor allem die Tarifverträge zur Beschäftigungssicherung, die den Betriebspartnern die

Befugnis zur Reduzierung der Arbeitszeit ohne Lohnausgleich (= Teilzeit) einräumen. Vorreiterfunktion hat hier der Beschäftigungstarifvertrag in der Metall- und Elektroindustrie, der eine Absenkung der Wochenarbeitszeit auf 30 Stunden erlaubt. Eine unmittelbare radikale Arbeitszeitverkürzung sieht der Haustarifvertrag bei der Volkswagen AG vor, durch den ebenfalls eine Reduzierung der Arbeitszeit ohne Lohnausgleich auf 28,6 Wochenstunden erfolgt ist. Parallel mit diesem Teilzeitschub werden auch insgesamt die flexiblen Verteilungsspielräume immer weiter ausgebaut, so daß als Resultat bereits hochflexible „amorphe" Arbeitszeitsysteme im Grundsatz implementierbar sind. Deutlich wird dies an der Ausdehnung der Ausgleichszeiträume auf das Kalenderjahr als Regelfall, wodurch die komplexen Freischichtsysteme in Jahresarbeitszeitmodelle umgewandelt werden können. Dies erlaubt eine effiziente Anpassung des Faktors Arbeit an den aktuellen gegebenen Bedarf (Kapazitätsorientierung) sowie auch eine Erhöhung der Zeitsouveränität (Bedürfnisorientierung).

Auch auf der gesetzlichen Ebene erfolgt nunmehr ebenfalls eine gewisse weitere Normierung der Teilzeitarbeit, indem spezielle Förderansätze angeboten werden. Dies gilt bislang für ältere Arbeitnehmer (ab Vollendung des 55. Lebensjahres), die - wie dargestellt - staatliche Transferleistungen (Lohnzuschuß i.H.v. 20 %, Zuschuß zur Sozialversicherung) erhalten, wenn sie ihre Arbeitszeit halbieren und der Arbeitgeber zugleich das freiwerdende Arbeitszeitvolumen durch Neueinstellungen abdeckt.

Die älteren Beschäftigten erhalten auf diese Weise ein Einkommen, welches 70 % ihres ursprünglichen umfaßt, so daß ein gewisser Kompensationseffekt eintritt.

Darüber hinaus fehlen aber bislang noch weitere Gestaltungsansätze, die ebenfalls einen Beitrag zum Ausgleich der Lohneinbußen beinhalten. Diese sind aber wichtig, um die allgemeine Teilzeitakzeptanz und damit deren Verbreitungsgrad zu steigern. Hierzu gehören staatliche Transferleistungen in Form von reinen (befristeten) Einkommenssubventionen und/oder in Form von Zuschüssen zu den Sozialversicherungsbeiträgen.

Wichtiger und volkswirtschaftlich sinnvoller ist aber - wie ausgeführt - die Implementierung von zusätzlichen Erwerbsangeboten, die zu einer nutzensteigernden Verwendung der Freizeit führen und die Allgemeinzufriedenheit der Beschäftigten erhöhen.

Es gilt also ein Konzept zu entwickeln, welches eine nachhaltige Beschleunigung der dargestellten mehrwertsteigernden Aktivitäten bewirkt. Auf diese Weise erfolgt eine produktive Verbindung von Transferzahlungen mit Infrastrukturmaßnahmen, die Defizite im sozialen wie ökologischen Bereich beseitigen. Dementsprechend bedarf es zunächst der Verabschiedung konkreter Leistungsgesetze, in denen die Voraussetzungen für die Gewährung von Zuschüssen im einzelnen geregelt werden. Wichtig ist dabei eine Ergänzung der einzelnen Instrumente des Arbeitsförderungsgesetzes (AFG), da diese überwiegend an die bereits eingetretene bzw. drohende Arbeitslosigkeit anknüpfen. Sinnvoll ist ferner auch eine stärkere Dezentralisierung bezüglich der Planung und späteren Durchführung der einzelnen Programme, um den regionalen und kommunalen Bedürfnissen ausreichend Rechnung zu tragen. Insoweit bietet es sich an, den örtlichen Arbeitsämtern die Budgethoheit wie das Projektmanagement und -controlling zuzuweisen. Ergänzend sind in dem konkreten Realisierungsverfahren die betroffenen kommunalen Institutionen und die Kollektivvertragsparteien intensiv einzubinden und ihre jeweiligen Interessen untereinander abzustimmen.

Den Tarifvertragsparteien und den Betriebspartnern obliegt die wichtige Aufgabe, die betriebliche Sphäre mit den Infrastrukturprogrammen dergestalt zu koordinieren, daß Probleme und Friktionen ausgeschlossen werden. So muß einerseits primär die ausreichende Versorgung der Unternehmen mit Arbeitskräften sichergestellt werden, und andererseits bedarf es gleichfalls eines gewissen Personalbestandes bei den einzelnen Projekten, um diese erfolgreich durchführen zu können. Es entsteht aufgrund dieser Schnittstellenproblematik ein beträchtlicher Koordinierungsbedarf.

Einen wichtigen Ansatz stellt dabei die Flexibilisierung der Arbeitszeit dar, weil durch sie von vornherein der erforderliche Reaktionsspielraum geschaffen wird, um auf die jeweils aktuellen Anforderungen (z. B. Auftragsschwankungen) angemessen zu reagieren. Es zeigt sich, daß folglich die Kollektivvertragsparteien eine wichtige Gestaltungsfunktion innehaben werden, wenn der Komplex der mehrwertsteigernden Aktivitäten weiter ausgebaut wird.

G. Zwischenergebnis

Die durchgeführte Darstellung der Rahmenbedingungen hat gezeigt, welche Reorganisationsmaßnahmen noch ergriffen werden müssen, um eine möglichst umfassende Erschließung der gegebenen Teilzeitpotentiale zu gewährleisten. Neben den spezifischen Anforderungen an die konkrete Arbeitsorganisation und an die subjektiven Verhaltensmuster der Akteure (vgl. die Vorbehalte gegenüber der Männerteilzeit und der Teilzeitarbeit bei Führungskräften) bedarf es vor allem einer entsprechenden Anpassung und Weiterentwicklung der gesellschaftlichen und sozialen Infrastruktur. Dies ergibt sich vor allem aus dem Umstand einer stetigen Entstandardisierung und Flexibilisierung der individuellen Arbeitszeiten, die eine Inanspruchnahme der Infrastrukturangebote (im sozialen und kulturellen Bereich sowie im Weiterbildungssektor) immer weiter erschweren und im Ergebnis die Gefahr einer Desintegration bewirken (Entsozialisierungsproblematik).

Darüber hinaus bedarf es zudem der Implementierung eines insgesamt völlig neuen Leistungsspektrums, welches die Option zur Kompensation der Einkommensausfälle beinhaltet, die unmittelbar mit den Arbeitszeitverkürzungen bzw. mit der Begründung eines Teilzeitverhältnisses einhergehen.

Mit der Förderung der sog. mehrwertsteigernden Aktivitäten wird daher ein entscheidender Beitrag für eine sinnvolle und nutzensteigernde Verwendung der zur Verfügung stehenden Freizeiteinheiten (= Eigenzeit) durch die Beschäftigten geleistet. Je nach der Verbreitungsintensität werden zusätzliche monetäre wie immaterielle Anreize für die Realisierung einer Reduzierung des Arbeitszeitvolumens ohne Lohnausgleich gesetzt. Letztlich hängt also der Erfolg der hierauf basierenden Beschäftigungssicherungskonzepte und ihre Entlastungswirkung für die gegenwärtige Arbeitsmarktsituation entscheidend von der parallelen Zurverfügungstellung damit verknüpfter Entlastungselemente ab.

Wichtig ist es dabei in erster Linie, den Grenzwert der gewonnenen Freizeiteinheiten zu erhöhen, indem die bisherige Infrastruktur auf diese neue Herausforderung ausgerichtet und komplettiert wird. Im Ergebnis tritt auf diese Weise eine sukzessive Veränderung der Arbeitsbeziehungen, wie aber auch als unmittelbare Folge hiervon der übrigen gesellschaftlichen Beziehungen und der dort enthaltenen politischen, ökonomischen und kulturellen Subsysteme, ein.

Denn gerade mit der Forcierung der mehrwertsteigernden Aktivitäten, die in spezifische Infrastrukturprogramme integriert sind, entsteht eine weitere Ebene der Wertschöpfung, die insoweit ein Novum darstellt, weil sie keinem der traditionellen Bereiche (Arbeitsbeziehungen, Freizeit) unmittelbar zugeordnet werden kann. Die klassischen Grenzen der isolierten Erwerbsarbeit im Unternehmen und der gemeinnützigen freiwilligen Tätigkeit verschwinden in dem Maße, wie sich beide Komplexe überlagern und aufgrund der gewährten staatlichen Transferzahlungen ineinander übergehen.

Die Konsequenz ist die sukzessive Errichtung einer umfassenden Teilzeitgesellschaft dergestalt, daß die Arbeitnehmer in einem gewissen Umfang auch weiterhin mit der Fortsetzung ihres ursprünglichen Arbeitsverhältnisses im ersten Arbeitsmarkt mit einem reduzierten Stundenvolumen vertreten bleiben und ergänzend sich weitere Betätigungs- wie Erwerbsoptionen suchen und realisieren. Diese können sich einmal auf eine rein erwerbswirtschaftliche Zusatzbeschäftigung erstrecken, die der Teilzeitbeschäftigte entweder als Selbständiger oder im Rahmen eines weiteren Arbeitsverhältnisses ausübt. Die Aufnahme einer selbständigen, also unternehmerischen Tätigkeit bietet die Chance, eigenverantwortlich und unabhängig von direkten Weisungen neue Bereiche und Aufgaben zu realisieren und gleichzeitig die damit möglichen ökonomischen Gewinnmöglichkeiten auszuschöpfen. Fachwissen und kreatives Potential, welches im Arbeitsleben nicht oder nur zum Teil zur Anwendung gelangt, wird als sinn- und nutzenstiftend eingesetzt. Dieser Arbeitnehmer der Zukunft erhält also eine gewisse Hybridstellung, indem er parallel die Unternehmerrolle einnimmt.

Daneben wird für den eher risikoscheuen Mitarbeiter das Engagement in den staatlich geförderten Projekten zur Verbesserung der Infrastruktur im Vordergrund stehen. Dies bietet die Gelegenheit, ebenfalls neben dem Beruf eine Zusatzbeschäftigung zu realisieren, die zudem mit finanziellen Leistungen dotiert ist. Gerade dieser Tatbestand der mehrwertsteigernden Aktivitäten führt, soweit er sich zu einer dauerhaften Institution verfestigt, zu einem neuen Sektor innerhalb der gesellschaftlichen wie ökonomischen Aufgaben- und Funktionsteilung, der eine Verbindung zwischen dem staatlichen Sektor und der privatwirtschaftlichen Wertschöpfung einnimmt.

Von dem effizienten Ausbau dieses dritten Sektors wird es daher abhängen, ob der Überfluß an Arbeitskräften auf dem ersten Arbeitsmarkt sinnvoll aufgefangen und in neue Beschäftigungsfelder kanalisiert wird. Erst wenn dieses gelingt, kann von einer produktiven Teilzeitgesellschaft, die für alle beteiligten Akteure zu Wohlfahrtssteigerungen führt, gesprochen werden. Auch wird deutlich, daß allein mit den klassischen Instrumenten der Arbeitsmarktpolitik, die immer noch auf eine Reintegration der freigesetzten Arbeitnehmer in den ersten Arbeitsmarkt abzielen, das Problem der hohen Arbeitslosigkeit nicht gelöst werden kann.

Denn die dort stattfindenden zunehmenden Rationalisierungsschübe dürften im Gegenteil eher noch weitere Freisetzungen von Arbeitskräften auslösen und den zahlenmäßigen Bedarf an Arbeitskräften sinken lassen, obgleich der Output und die Produktivität radikal gesteigert werden. Aufgrund dieser Entkoppelung der Arbeitsmärkte von den Güter- und Dienstleistungsmärkten erscheint auch eine Forcierung des Marktmechanismus i. S. d. neoklassischen Theorie bei der Fixierung der Arbeitsbedingungen als wenig hilfreich. Die Vertreter der neoklassischen Arbeitsmarktpolitik sehen einen effizienten Ansatz für einen umfassenden Abbau der Arbeitslosigkeit sowohl in einer Relativierung der arbeitsrechtlichen Schutzvorschriften (Kündigungsschutz, Arbeitszeitnormen, Entgeltfortzahlung) sowie in einer stärkeren Elastizität der Löhne. Konkret bedeutet letzteres als marktkonforme Reaktion eine entsprechende Absenkung der Löhne, um auf diese Weise die Einstellungsbereitschaft der Unternehmen zu stimulieren und Entlassungen zu verhindern.

Dieses Konzept funktioniert aber nur noch erheblich eingeschränkt, weil ja die systematischen Rationalisierungsstrategien den Bedarf an Arbeitskräften permanent sinken lassen und damit a priori objektiv keine betrieblichen Verwendungsmöglichkeiten mehr gegeben sind. Die zunehmende Technisierung und Informationalisierung der Wertschöpfungsketten ist eine unabdingbare Voraussetzung, um die Konkurrenzfähigkeit der Unternehmen zu sichern, die durch das rasche Reagieren auf veränderte Marktsituationen und eine schnelle Auftragsabwicklung (Stichwort: Speedmanagement) geprägt wird. Die Substitution der Arbeitskraft durch technische Einrichtungen ist also anders als zu früheren Zeitpunkten keine ausschließliche Frage der Arbeitskosten mehr. Einen weiteren Aspekt stellt zudem die internationale Vernetzung der Wertschöpfung und des Wettbewerbs dar. Für den deutschen Arbeitsmarkt bedeutet dies eine zusätzliche Belastung, weil hierdurch ein Angebot an externen Arbeitskräften entsteht, die wegen des geringeren Einkommensniveaus weitaus weniger Arbeitskosten verursachen. Dieses können die Unternehmen nutzen, indem sie die Produktion in diese Länder verlagern oder aber von dortigen Zulieferern Leistungen beziehen. Ein marktkonformes Absenken der deutschen Löhne würde diese aber in vielen Fällen auf das Niveau staatlicher Transferzahlungen (Arbeitslosengeld, Sozialhilfe) sinken und damit von vornherein den Anreiz zur Arbeit schwinden lassen. Zudem wären u. U. Löhne die Folge, die zur Sicherung des Lebensunterhaltes in Deutschland nicht mehr ausreichen. Angesichts dieser geschilderten Konstellation besteht daher die Gefahr, daß die Forcierung des neoklassisch orientierten Lösungsansatzes neben seiner nur reduzierten Zwecktauglichkeit darüber hinaus sogar zu einer Verschärfung der Arbeitsmarktlage führen kann.

Es wird damit die Notwendigkeit zur Entwicklung und Implementierung neuer Lösungsansätze deutlich. Diese müssen von der Überlegung ausgehen, daß allein im ersten Arbeitsmarkt nicht mehr genügend Beschäftigungsoptionen bestehen und folglich zusätzliche Betätigungsfelder erschlossen werden müssen. Soweit es sich dabei um mehrwertsteigernde Aktivitäten im Infrastrukturbereich handelt, ist ergänzend ein Finanzierungsmodell zu konzipieren.

Insgesamt dürften insbesondere diese Gesichtspunkte einer realistischen Arbeitsmarktpolitik zu einer weiteren Forcierung der Teilzeitarbeit beitragen, da sie in Form von radikalen Arbeitszeitverkürzungen ohne Lohnausgleich das zentrale Element der Beschäftigungssicherungskonzepte in den aktuellen Tarifverträgen ist. Der Weg in die Teilzeitgesellschaft ist folglich als Grobtendenz vorgegeben.

Teil 4: Die Organisation und Struktur einer stabilen Teilzeitgesellschaft

A. Ausgangslage

Die bisherigen Ausführungen bezogen sich in ihrem Schwerpunkt zunächst auf die Gestaltung der Teilzeitarbeit innerhalb der Arbeitsbeziehungen. Schon in diesem Zusammenhang ist deutlich geworden, welche Veränderungen bei den übrigen Rahmenbedingungen (soziale, ökonomische) eintreten müssen, um das optionale Teilzeitpotential vollständig zu erschließen und dem entgegenstehende Barrieren abzubauen.

In diesem Kontext deutete sich bereits an, welche Impulse für eine tiefgreifende Umwälzung des gesamtgesellschaftlichen Systems von der Sphäre der Arbeitswelt ausgehen. Den Umstrukturierungsbestrebungen folgen insoweit umfassende und komplexe Reorganisationsprozesse auf allen Beziehungsebenen. Die Strukturen dieser neuen Teilzeitgesellschaft dürften sich daher von der traditionellen Arbeits- wie auch der Freizeitgesellschaft erheblich unterscheiden. Gegenüber der klassischen Arbeitsgesellschaft besteht der Unterschied einmal darin, daß die Beschäftigten ein erheblich verringertes Arbeitsvolumen im ursprünglichen Arbeitsverhältnis erbringen, während im Vergleich zur Idee der Freizeitgesellschaft dieser Umstand zunächst mit entsprechenden Einkommenseinbußen verbunden ist. Stellt das Eingehen eines Teilzeitverhältnisses eine Alternative zur ansonsten erforderlichen Entlassung dar, so beruht es des weiteren auch nicht ausschließlich auf dem Gedanken der Selbstverwirklichung, sondern ist das Ergebnis ökonomischer Zwangsentscheidungen. Finanzielle Einbußen aus der Erwerbsarbeit werden zur Arbeitsplatzerhaltung in Kauf genommen. Gerade dieser Rückgang des Realeinkommens aus dem ursprünglichen Arbeitsverhältnis stellt zunächst das Hauptmerkmal der sich abzeichnenden Teilzeitgesellschaft dar.

Kritiker führen daher zu Recht das Argument an, daß die Teilzeittendenzen lediglich zu einer Verteilung der Mangelsituation auf die Gesamtzahl der Beschäftigten führen und letztlich ein volkswirtschaftliches Nullsummenspiel darstellt, welches überwiegend zu Lasten der Arbeitnehmer geht. Um die Entstehung dieser „Verarmungstendenzen" zu verhindern, gilt es die relevanten Rahmenbedingungen in Richtung der Erschließung neuer Tätigkeitsfelder zu verändern, die für die interessierten Akteure zusätzliche Kompensationschancen erschließen. Im folgenden sollen abschließend die wichtigsten und wohl problematischsten Aspekte dieser neuen Teilzeitgesellschaft aufgezeichnet und analysiert werden.

B. Die Herausforderungen für die staatlichen Institutionen

I. Das Dilemma steigender Aufgabenzuwächse bei gleichzeitigen Einnahmerückgängen

Für die staatlichen Regelungsakteure ergibt sich als Folge der Teilzeitgesellschaft eine tiefgreifende Dilemmasituation, die mit den traditionellen Lösungsansätzen und -mechanismen wohl kaum zu lösen sein dürfte. Sie resultiert zunächst aus dem Umstand einer aktiveren und umfangreicheren Arbeitsmarkt- und Infrastrukturpolitik. Diese ist notwendig, um sinnvoll den Grenznutzen der gewonnenen weiteren Freizeiteinheiten zu steigern und parallel geeignete Kompensationsmöglichkeiten zu schaffen. Diese stellen das entscheidende Fundament für dauerhaft stabile ökonomische und gesellschaftliche Beziehungen dar, ohne deren Vorhandensein nachhaltige Wohlfahrtssteigerungen nicht erreichbar sind. Des weiteren ist das gesamte Infrastrukturangebot (Betreuung, Pflegeaufgaben, Behörden) auf die zunehmende Flexibilisierung der Arbeitszeiten, die eine Begleiterscheinung der Teilzeitarbeit ist, auszurichten.

Einen weiteren Aspekt stellt zudem die finanzielle Förderung der Teilzeitarbeit dar, um die Akzeptanz bei den Betroffenen zu erhöhen. Denkbar sind Transferzahlungen an die Arbeitsvertragsparteien sowie weitere Zuschüsse zu den Sozialversicherungsbeiträgen. Hinzu treten ferner die Organisationskosten und die Leistungen an die Beschäftigten, die in Infrastrukturprojekten angesiedelt sind. Diesen staatlichen Aufgabenzuwachs und den daraus resultierenden finanziellen Mehraufwendungen stehen aber parallel zunächst auf der Einnahmeseite (Steueraufkommen, Sozialversicherungsbeiträge) Einbußen gegenüber, da die Teilzeitbeschäftigten nur noch eine ihrem verringerten Arbeitszeitvolumen entsprechende reduzierte Abgabenlast zu tragen haben. Ein gewisser Ausgleich vollzieht sich aber in dem Maße, wie durch die Förderung dieser Projekte zur Beschäftigungssicherung Aufwendungen für den Fall der Arbeitslosigkeit (Arbeitslosengeld, Arbeitslosenhilfe, Sozialhilfe) eingespart werden können.

II. Die Entwicklung innovativer Lösungsansätze

Die staatlichen Institutionen befinden sich also in einer Situation, daß sie einerseits umfangreiche Aufgaben wahrnehmen müssen und andererseits in ihren finanziellen Mitteln beschränkt werden. Die Schlußfolgerung, die hieraus zu ziehen ist, beinhaltet im Kern die Notwendigkeit eines radikalen Paradigmenwechsels bei der Organisation des staatlichen bzw. hoheitlichen Sektors, um dessen Implosion zu verhindern.

1. Stärkere Bürgerbeteiligung als Grundlage eines strategischen Re-Privatisierungskonzeptes

Im Vordergrund steht dabei eine umfassende Reorganisation der betrieblichen Strukturen, die zu einer Optimierung der Effektivität und Effizienz bei der Aufgabenerledigung führen. Neben einer Binnenrationalisierung durch eine stärkere Informationalisierung der Verwaltungsabläufe bietet sich als wesentliches Element ein Outsourcingkonzept an.

Dieses wurde bislang immer unter dem Aspekt der Privatisierung diskutiert und hatte die Verlagerung von Tätigkeiten auf privatwirtschaftliche Unternehmen zum Inhalt (z. B. Müllentsorgung, Personennahverkehr, Stromversorgung). In diesem Zusammenhang bietet sich aber ergänzend die Überlegung an, welche Aufgaben direkt auf die Bürger zu übertragen sind, die diese dann erfüllen. Auf diese Weise können diese sinnvoll ihre zusätzlichen Freizeiteinheiten nutzen.

Wie dies konkret realisierbar ist, wurde bereits für den Pflege- und Betreuungsbereich dargestellt. Der Anreiz besteht für die Teilnehmer zunächst darin, daß sie durch ihr Engagement ansonsten fällige Beiträge und Gebühren einsparen können bzw. überhaupt erst als Betroffene auf ein ausreichendes Angebot zurückgreifen können.

Zudem bietet sich ferner eine Verknüpfung mit den mehrwertsteigernden Aktivitäten an, indem die integrierten Personen für ihre Tätigkeit ein Entgelt erhalten. Personale Engpässe, die vor allem im sozialen Bereich gegeben sind, werden damit gelöst.

Dieser Gedanke einer Rückverlagerung von hoheitlichen Aufgaben unmittelbar auf die betroffenen Bürger kann aber auch in andere Bereiche transportiert werden. Zu nennen wäre einmal die Übernahme von Reinigungsaufgaben im Bereich der öffentlichen Verkehrswege (z. B. Anliegerstraßen) oder bei der Durchführung von Erschließungsaufgaben (neue Wasser- und Abwasserleitungen), durch die gerade in ländlichen Bereichen erhebliche Kosten für die privaten Haushalte entstehen. Soweit also die Einwohner über ausreichende Fertigkeiten und Interesse verfügen, könnten zumindest die besonders arbeitsintensiven Tätigkeiten in Form von Gemeinschaftsarbeiten absolviert werden. Die Kommune übernimmt insoweit nur noch die Fachaufsicht und stellt ggf. die benötigten Werkzeuge zur Verfügung.

Als Strukturprinzip gilt also ein Reprivatisierungsansatz, der eine Verlagerung ursprünglich hoheitlich organisierter Aufgaben unmittelbar auf die Bürger vorsieht und den staatlichen Institutionen ausschließlich eine Planungs- und Koordinierungsfunktion zuweist. Das Resultat ist dann der sog. „schlanke Staat" bei einer gleichzeitigen Stärkung der Eigenverantwortlichkeit der Bürger. Ferner wird eine finanzielle Konsolidierung der Bürger erreicht, weil sie ansonsten aufzubringende Steuern und sonstige Abgaben einsparen. Dieser Ansatz einer Bürgerpartizipation dürfte - wie dargestellt - insbesondere bei der Realisierung neuer wichtiger Aufgabenfelder (Umweltschutz, Stadtsanierung) praktikabel sein. Die Teilzeitmitarbeiter werden dabei in einzelne Projektteams für die Erreichung der angestrebten Ziele zusammengefaßt.

2. *Implementierung marktwirtschaftlicher Steuerungsinstrumente im sog. dritten Sektor*

Um aber die Effizienz der Leistungserbringung zu sichern, bedarf es zwingend der Einführung gewisser marktwirtschaftlicher Steuerungsinstrumente dergestalt, daß ein wettbewerbsorientierter Selektionsmechanismus eingeführt wird. Konkret könnte dies durch eine Ausschreibung der einzelnen Maßnahmen erfolgen, wobei dann das kostengünstigere Anbieterteam den Zuschlag erhält.

Es werden damit von vornherein Problemtatbestände vermieden, die ansonsten bei den Beschäftigungsgesellschaften des zweiten Arbeitsmarktes zu beobachten sind. Diese drücken sich vor allem in einer mangelnden Produktivität aus, weil gerade kein zwingender Anreiz für eine optimale Ressourcennutzung besteht (vgl. Siebert 1992 zur Situation in Ostdeutschland).

Es ist also eine Ausgangslage gegeben, bei der im Idealfall eine gewisse Konkurrenzsituation zwischen mehreren Teams gegeben ist. Soweit schon von Beginn an lediglich ein Bewerberteam existiert, sollte hinsichtlich der Zuweisung der finanziellen Mittel eine Vorabberechnung durch unabhängige Sachverständige bzw. Wirtschaftsprüfer erfolgen.

Folglich entsteht durch die Integration der Teilzeitmitarbeiter in spezifischen Infrastrukturprojekten ein eigenständiger Wertschöpfungsbereich, der zwischen dem rein marktwirtschaftlichen und dem rein hoheitlichen bzw. ehrenamtlichen Sektor angesiedelt ist und insoweit eine Hybridstellung einnimmt. Daher bietet sich hierfür die Bezeichnung dieses Spektrums als sog. dritter Sektor an. Dieser wird in der Teilzeitgesellschaft die Funktion haben, die auf dem traditionellen ersten Sektor freigesetzte Arbeitskraft zu absorbieren und in wohlfahrtssteigernde Aufgabenfelder zu lenken.

3. Unterstützungsangebote für eine produktive Eigenzeitnutzung

Ein weiterer zusätzlicher Betätigungsbereich der staatlichen Institutionen, der sich direkt aus der Teilzeitgesellschaft ergibt, bezieht sich auf die weitere Unterstützung der Arbeitnehmer im Hinblick auf die sinnvolle Verwendung ihrer zusätzlich gewonnenen (Frei-) Zeiteinheiten.

Dazu gehört als Ausgangspunkt einmal die Eröffnung eines hierauf eingehenden Beratungsangebotes, welches über bestehende Optionen informiert und für die Interessierten eine Navigationshilfe darstellt. Ergänzend gilt es ferner ein entsprechendes Leistungsspektrum anzubieten, welches genutzt werden kann. Neben den kulturellen und sportlichen Aktivitäten wird vor allem der Bildungssektor einen intensiven Ausbau erfahren müssen, weil die stetigen Verbesserungen des Humankapitals eine entscheidende Wettbewerbsbedingung ist.

Aber auch hier gilt es neue Konzepte zu realisieren, da hier nur begrenzte finanzielle Ressourcen zur Verfügung stehen, so daß ebenfalls eine Externalisierung erstrebenswert ist. Dies könnte in der Weise erfolgen, daß die Durchführung einzelner Fort- und Weiterbildungsmaßnahmen durch private Träger und Institutionen erfolgt, während der Staat deren Grundfinanzierung übernimmt. Um gleichzeitig Fehlallokationen und Effizienzverluste, die vor allem bei den traditionellen Projekten erfolgen (Stichwort: Qualifikation am Bedarf vorbei), zu verhindern, gilt es ergänzend den Wettbewerb unter den Anbietern zu forcieren. Einen Ansatz dazu stellt die Ausgabe von Qualifizierungsgutscheinen dar (Siebert/Klodt 1991), die die Arbeitnehmer bzw. die Unternehmen entsprechend ihren Präferenzen einlösen können, falls ihnen ein konkretes Angebot zusagt. Die Bildungsträger müssen also um diese Kunden konkurrieren und werden bestrebt sein, durch die offerierte „Produktqualität" einen Marktvorsprung zu erreichen. Dies bedingt ein Eingehen auf die realen Bedürfnisse der Nachfrager. Weil die Arbeitnehmer aber aufgrund ihrer Teilzeitbeschäftigung weiterhin in einem engen Kontakt zur Arbeitswelt und den dort artikulierten Anforderungen stehen - insoweit unterscheidet sich ihre Situation von der

AFG-Förderung bei Arbeitslosigkeit - wissen sie auch, welche Qualifikationen benötigt werden, und können somit das Angebot auch kritisch bewerten.

Ein weiterer Aspekt der staatlichen Interaktionsmöglichkeiten bezieht sich ferner darauf, den interessierten Bürgern aktive Unterstützungsleistungen in bezug auf eine weitere Realisierung von Eigenzeitprojekten und den mehrwertsteigernden Aktivitäten zu bieten bzw. diese in enger Zusammenarbeit mit anderen Institutionen (Gewerkschaften, Kammern) zu initiieren. Einen besonderen Punkt, der in diesem Zusammenhang von Bedeutung ist, stellt bspw. der Komplex der Bauförderung dar. Um die Eigentumsquote zu erhöhen, wäre es sinnvoll, daß die mit der Teilzeit gewonnenen Zeitressourcen von den Akteuren zur Errichtung von Eigenheimen eingesetzt werden.

Derartige Bestrebungen haben in Deutschland in Form der sog. Siedlungsvereine eine lange Tradition und finden vereinzelt in Testprojekten (so bei der Internationalen Bauausstellung im Ruhrgebiet) ihre Fortsetzung. Der Gedanke, der dahinter steckt, basiert auf dem Kooperationsansatz: mehrere Interessenten errichten in Eigenleistung entsprechend ihren Fertigkeiten gemeinsam neue Häuser und unterstützen sich dabei gegenseitig.

Die Kommunen können dies durch die Vergabe preiswerten Baulandes und durch die Bereitstellung von Fachleuten (Ingenieuren, Statikern) fördern, die konkrete Hilfestellungen bieten. Insgesamt erhöht sich dadurch der Eigenanteil und das Kosteneinsparungspotential erheblich, weil dann nur noch für Arbeiten, die spezifische Fachkenntnisse unabdingbar verlangen, externe Handwerker herangezogen werden müssen. Diesen obliegt ansonsten die Bauaufsicht und die Anleitung der Akteure.

4. Zusammenfassung

Die obigen Ausführungen veranschaulichen somit prägnant den sich abzeichnenden Paradigmenwechsel auf der hoheitlichen Ebene. Dieser ist bedingt durch einen Einnahmerückgang bei lohnabhängigen Steuern aufgrund der Arbeitszeitverkürzungen ohne Lohnausgleich, während zugleich neue Aufgaben (z. B. Infrastrukturprojekte, Unterstützung bei einer nutzenbringenden Verwendung der Freizeiteinheiten) erforderlich werden, bzw. eine zeitliche Erweiterung (Ansprechzeiten der Behörden, Pflege- und Betreuungsbereiche) eintritt.

Diese Situation bedingt eine radikale Umorganisation der bestehenden Strukturen, um den neuen Anforderungen insgesamt gerecht zu werden. Wichtig ist dabei vor allem das Ausschöpfen sämtlicher Rationalisierungspotentiale durch den Einsatz moderner IuK-Techniken. Gerade der Ausbau des Informations-Highways dürfte mit dazu beitragen, daß ein Teil der Verwaltungsgänge (Antragsbearbeitung) im On-Line-Verfahren abgewickelt wird. Auf diese Weise kann unter zeitlichen Aspekten eine Serviceausdehnung bewirkt werden, wenn mit der Einschaltung von E-Mail-Systemen die Ansprechzeit gesteigert wird.

Ergänzt werden diese Maßnahmen durch eine stärkere Re-Privatisierung der öffentlichen Leistungen vermittels der Integration der interessierten und betroffenen Bürger bei der konkreten Erledigung. Die staatlichen Institutionen übernehmen dann also im wesentlichen eine Brückenkopffunktion, indem sie die jeweiligen Projekte organisatorisch unterstützen und beaufsichtigen.

Ein Folgeproblem stellt aber längerfristig die Umgestaltung der sozialen Alterssicherung dar. Da mit der Teilzeitarbeit geringere Beiträge eingezahlt werden, senken sich später die Rentenansprüche, so daß es zu dem Phänomen einer Altersarmut bei den Beschäftigten kommen kann, die ihre aktuelle Teilzeitakzeptanz wohl reduzieren dürfte.

Zudem entstehen für die laufenden Rentenzahlungen Deckungsfehlbeträge, falls die Sozialversicherungsbeitragseinnahmen zunehmend geringer werden. Dies wirft schon jetzt die Frage nach einer Ersetzung bzw. Ergänzung der umlagenfinanzierten Rente auf. Unvermeidbar dürften folglich in Zukunft als Soforthilfe unmittelbare staatliche Transferzahlungen werden, um die Rentenansprüche zu befriedigen. Ergänzt werden diese dann ggf. zudem durch Zusatzleistungen, um die Teilzeitmotivation zu erhöhen. Erkennbar wird dies bei der sog. Altersteilzeit, wo eine staatliche Aufstockung der Rentenanwartschaften erfolgt. Entwickelt sich aber die Teilzeit weiter zu einem prägenden Arbeitszeittypus, wird die Finanzierungsgrenze erreicht. Letztlich bleibt damit eine vollständige Reorganisation des Rentensystems unausweichlich. Ökonomisch sinnvoll und auch realisierbar wäre insoweit die Gewährung einer steuerfinanzierten Grundrente für alle Bürger, die zur Existenzsicherung beiträgt. Darüber hinausgehende Leistungen der Daseinsfürsorge sind dann auf dem privaten Wege abzudecken (Lebensversicherung, Investmentfonds etc.). Praktisch tritt auf diese Weise auch eine soziale Absicherung von denjenigen ein, die zunehmend neben ihrer Beschäftigung teilweise oder gänzlich selbständig tätig sind und folglich durch das tradierte soziale Netz fallen würden.

Abschließend kann angesichts der vorstehend dargestellten Aspekte die Schlußfolgerung gezogen werden, daß tiefgreifende Veränderungen bei der Ausformung der Aufgabenerfüllung und deren Finanzierung stattfinden müssen, um den Herausforderungen der Teilzeitgesellschaft gerecht zu werden.

C. Die Veränderungen auf der politischen Ebene

Auch dieser gesamte Bereich dürfte zumindest längerfristig eine erhebliche Veränderung mit der Manifestierung der Teilzeitgesellschaft erfahren.

I. Die Stärkung der Bürgerpartizipation

Der Umstand eines Anwachsens des Eigenzeitvolumens könnte insgesamt zu einem stärkeren politischen Engagement der Bürger führen bzw. zu Forderungen einer intensiveren Einbindung in den Willensbildungsprozeß (Stichwort: Basisdemokratie). Zu erwarten ist daher sicherlich eine stärkere Wahrnehmung der bisherigen Mitwirkungsmöglichkeiten innerhalb der Verwaltungsverfahren (z. B. Bürgerbeteiligung bei der Planfeststellung).

Denkbar ist aber auch, daß das sog. „Lehrer- bzw. Beamtenprivileg" hinsichtlich der Besetzung von Mandaten aufgebrochen wird, weil sich mehr Menschen für die Übernahme eines politischen Mandates (Kommunal-, Landes- oder Bundespolitik) interessieren und hierfür nunmehr auch einen genügenden zeitlichen Spielraum haben.

Von dem Status Quo ausgehend könnten sich ferner Wünsche nach einer Erweiterung der bestehenden Partizipationsoptionen ergeben, da die Bürger vor allem in ihrer unmittelbaren Lebenssphäre verstärkt ihre Präferenzen realisieren wollen. Dies macht ebenfalls eine tiefgreifende Umstrukturierung dergestalt erforderlich, daß sie ergänzend zu dem System der parlamentarischen Demokratie unmittelbare Einflußrechte erhalten, wie dies in der Möglichkeit zur Durchführung von Bürgerbefragungen und -entscheiden bereits in einigen Bundesländern (besonders innovativ ist hier der Freistaat Bayern) der Fall ist.

Ein wesentlicher Schwerpunkt liegt aber vor allem auf einer Integration bei vorbereitenden Planungen und späteren Entscheidungen bei kommunalen Fragestellungen. Hier sind die motivierten Bürger von Anfang an über avisierte Maßnahmen offen und umfassend zu informieren und in die Konzeptfindung einzubeziehen. Es bietet sich auf diese Weise die Gelegenheit, konstruktive Vorschläge der beteiligten Bürger aufzugreifen und nutzensteigernd einfließen zu lassen. Das ansonsten wohl brachliegende Humankapital wird also konsequent abgerufen, wobei auf diesem Weg latente Konfliktpotentiale rechtzeitig erkannt und schon im Vorfeld aufgelöst werden können. Kostensteigernde vorgerichtliche und gerichtliche Rechtsmittel, die die Realisierung der Vorhaben beträchtlich verzögern, werden vermieden. Als Organisationsrahmen bietet sich auf der kommunalen Ebene die Errichtung von lokalen „Planungszellen" an, in denen die Bürger und die Vertreter der Verwaltung gemeinsam miteinander die anstehenden Sachprobleme lösen.

Insgesamt zeichnen sich in diesem Bereich einer intensivierten Bürgerpartizipation noch erhebliche Spielräume für eine effizientere Ausgestaltung des öffentlichen Sektors ab, durch die als Folge wiederum die finanzielle Belastung insgesamt abgemildert wird. Sie stellt also einen wichtigen Baustein auf dem Weg zu dem allgemein gewünschten „schlankeren Staat" dar.

Neben der bereits geschilderten Implementierung modernster IuK-Techniken liegt hierin mit ein weiteres bedeutsames Kostensenkungspotential begründet.

II. Der „Teilzeit"-Politiker als zukünftiger Prototyp

Darüber hinaus ist aber ferner auch eine „Reprivatisierung" der politischen Ebenen denkbar, indem der traditionelle Berufspolitiker, der exklusiv ein politisches Mandat auf Dauer wahrnimmt, zumindest in einem gewissen Umfang durch den Typus des Semi-Profis abgelöst wird, der weiterhin in seinem Beruf integriert ist und als Ergänzung einen parlamentarischen Auftrag wahrnimmt. Dieses Modell gilt noch in der Bürgerschaft der Hansestadt Hamburg. Hieran anknüpfend bietet sich ein Modell an, bei dem von vornherein die Volksvertreter weiterhin einer beruflichen (Teilzeit-) Beschäftigung nachgehen und als Ausgleich eine gewisse Aufwandsentschädigung erhalten, die deutlich unter den gegenwärtigen Abgeordnetendiäten liegt. Damit wird folglich nicht nur die politische Entscheidungsfindung wieder basisorientierter geschaffen, sondern darüber hinaus entfällt ein nicht unbeträchtlicher Kostenblock, der aktuell vor allem durch die großzügigen Pensionszahlungen noch ausgeweitet wird.

D. Die Veränderungen innerhalb der Arbeitsbeziehungen

I. Die Entstehung von effizienzhemmenden Frustrationstatbeständen als Grundproblem

Die wesentliche Veränderung besteht auf der Ebene der Arbeitsbeziehungen zunächst in der radikalen Verkürzung des Arbeitszeitvolumens, durch die völlig neue Herausforderungen für alle Beteiligten geschaffen werden. Ausgangspunkt ist, von dem Blickwinkel der betroffenen Arbeitnehmer, die Eröffnung von Optionen, durch die sowohl eine sinnvolle Nutzung der zusätzlich gewonnenen Freizeiteinheiten als auch eine Kompensation der mit der Arbeitszeitverkürzung einhergehenden Einkommenseinbußen eröffnet wird.

Dieser Aspekt stellt - wie ausgeführt - das eigentliche zentrale Element der neuen Teilzeitgesellschaft dar, von dessen interessengerechter Ausformung schließlich die dauerhafte Stabilität der Arbeitsbeziehungen abhängt. Ansonsten besteht nämlich die Gefahr eines sich zunehmend verfestigenden Frustrationspotentials bei den Arbeitnehmern aufgrund der Determinierung ihres finanziellen Handlungsspielraumes und der fehlenden Möglichkeiten, die statt dessen gegebenen (Frei-)Zeiteinheiten sinnvoll zu gebrauchen. Neben allgemeinen gesellschaftlichen Spannungen, die sich aus diesem Umstand ergeben, ist als ein weiteres Resultat eine Verschlechterung der Arbeitsproduktivität und Kreativität zu befürchten (negativer Rückkoppelungseffekt).

II. Die Förderung von Eigenzeitaktivitäten als Aufgabe des Personalmanagements

Damit müssen die Unternehmen ein virulentes Interesse an einer Optimierung der Handlungsoptionen im Freizeitbereich haben. Dies gilt um so mehr, als sie zur Sicherung ihrer Marktposition besonders auf das Humankapital ihrer Mitarbeiter angewiesen sind und negative Einflüsse auf dessen effizienten Einsatz von vornherein abwehren müssen. Demnach entsteht für das Personalmanagement somit ein weiteres strategisches Handlungsfeld (vgl. Kilz/Reh 1996, S. 208 f.), das sich auf das Verhalten der Mitarbeiter außerhalb des Arbeitsverhältnisses bezieht und die sinnvolle Nutzung der privaten Eigenzeit zum Inhalt hat. Ziel ist dabei, den Arbeitnehmern die für sie interessanten Aktionsbereiche zu erschließen und dadurch mittelbar ihre Leistungsbereitschaft und Motivation nachhaltig zu stabilisieren. Auf Grundlage einer rein informativen Beratung (Leisure-Time-Consulting) könnten selbst bestimmte Projekte allein oder in Zusammenwirken mit externen Anbietern offeriert werden. Neben reinen Freizeitbeschäftigungen und spezifischen Qualifikationsmaßnahmen (allgemeiner bzw. berufsspezifischer Natur) dürfte sich als Förderschwerpunkt immer stärker der Sektor der mehrwertsteigernden Aktivitäten herausbilden.

Der konkrete Grad eines Engagements des einzelnen Unternehmens ist ein wichtiger Aspekt des Personalmarketings. Es erhält bei der Rekrutierung von neuen Mitarbeitern einen entscheidenden Vorsprung, soweit es gleichzeitig neben der Eröffnung von Teilzeitvolumen auch ein begleitendes Angebot von ergänzenden Betätigungsoptionen zur Verfügung stellt.

Schließlich können die Anstrengungen auch als Marketingargument im Wettbewerb gegenüber den Mitkonkurrenten herausgestellt werden, um die soziale Verantwortung des Unternehmens zu dokumentieren. Dieser Effekt wird sogar noch gesteigert, wenn damit noch eine Förderung von Infrastrukturprojekten (z. B. Umweltschutz) verbunden wird. In diesem Fall wird das Gesamtimage des Unternehmens und der Produkte aufgewertet.

III. Die Förderung von Eigenzeitaktivitäten als Aufgabe der Gewerkschaften

Ferner wird die Attraktivität der Gewerkschaften bei den Mitgliedern sowie bei potentiellen Bewerbern mit von ihrer Bereitschaft abhängen, die obigen Maßnahmen der Unternehmen zu fördern bzw. selbst zu organisieren. Konkret bedeutet dies eine Ergänzung der klassischen Gewerkschaftsaufgaben um neue Tatbestände, bei denen nicht allein die traditionelle Verteilungsfrage, sondern vielmehr die konstruktive Gestaltungsaufgabe im Vordergrund steht.

Damit ist in diesem Segment ein Wandel der Gewerkschaften in Richtung einer Stärkung der Servicefunktion zu sehen. Ihre Akzeptanz bei den Arbeitnehmern wird entscheidend durch ihre Anstrengung und Kooperationsbereitschaft zur Erschließung neuer Aktionsfelder abhängen. Neben der bereits bestehenden Kernkompetenz in bezug auf Fort- und Weiterbildungsmaßnahmen, die eine traditionelle Domäne der Gewerkschaftsarbeit darstellen und deren Spektrum hieran anknüpfend in inhaltlicher Sicht weiter ausgebaut werden kann, steht vor allem die Integration in die geplanten Infrastrukturprojekte im Vordergrund. Wie schon ausgeführt, obliegt hier den Gewerkschaften eine wichtige Gestaltungs- und Koordinierungsfunktion.

Darüber hinaus liegt ein weiteres Handlungssegment in der Unterstützung der Mitglieder bei der Entwicklung der mehrwertsteigernden Aktivitäten, indem ihnen vor allem bei der Realisierung einer selbständigen (Zusatz-)Tätigkeit eine begleitende Hilfestellung gegeben wird (Supportfunktion). Zu denken wäre vor allem an die Vermittlung des erforderlichen kaufmännischen Basiswissens und eine spezielle Beratung bei eintretenden Problemen. Auch ist u. U. die Möglichkeit gegeben, daß gewerkschaftliche Einrichtungen im Anschluß verschiedene Dienstleistungen (Unternehmens- und Steuerberatung, Buchhaltung etc.) übernehmen, um dadurch ihre Mitglieder zu entlasten und den Schritt in die (Teil-)Selbständigkeit zu fördern.

Ein innovatives Engagement ist insbesondere bei der Telearbeit vorstellbar, die innerhalb der Arbeitsbeziehungen künftig eine immer wichtigere Rolle spielt. Da die rein häusliche Telearbeit mit der Gefahr einer sozialen Isolierung verbunden ist, bietet sich vielfach als sinnvoller Ansatz die Schaffung von Satellitenbüros an, in denen die Teleworker ihre Arbeitsleistung vollbringen, wobei der unmittelbare zwischenmenschliche Kontakt aufrechterhalten wird. In diesem Zusammenhang bietet sich dann aber für die Gewerkschaften die Chance, durch die Übernahme und selbständige Betreibung von Satellitenbürozentren einen Beitrag zur Humanisierung der Arbeit zu leisten. Sie erhalten für ihr Angebot eine entsprechende Nutzungsgebühr von den Unternehmen, die diesen Service in Anspruch nehmen.

Damit wird also deutlich, welche längerfristigen Auswirkungen die Teilzeittendenzen auf die Begleitumstände innerhalb der Arbeitswelt haben und welche Konsequenzen sich für die Akteure (vor allem Unternehmen und Gewerkschaften) hieraus ergeben.

E. Die Auswirkungen auf die Wirtschaftsbeziehungen (ökonomischer Sektor)

I. Die Veränderung der Wettbewerbsbedingungen

Als nächstes stellt sich die Frage, welche gesamtwirtschaftlichen Konsequenzen sich aus der Hinwendung zur Teilzeitgesellschaft ergeben und wie hierauf die Anbieter von Gütern und Dienstleistungen reagieren müssen. Im Vordergrund steht dabei die Veränderung des Konsumentenverhaltens der Teilzeitbeschäftigten.

Dieses wird nunmehr im wesentlichen dadurch gekennzeichnet, daß die Arbeitnehmer zwar über ein größeres Eigenzeitvolumen und damit über mehr Konsumzeit verfügen, jedoch senkt sich parallel hierzu zunächst auch das Einkommensniveau.

Insgesamt zeichnet sich als unmittelbares Resultat eine Verschärfung der Wettbewerbssituation ab, weil die Konsumentenhaushalte aufgrund der Reduzierung der Reallöhne ihren Ausgabenumfang zunächst ebenfalls einschränken müssen. Das zur Verteilung anstehende Finanzvolumen verringert sich also insgesamt. Insoweit ist ein Verdrängungswettbewerb der Anbieter erst einmal vorgezeichnet, die als Reaktion auf die neue Situation als kurzfristig greifende Maßnahme als erstes mit Preissenkungen reagieren dürften, um so ihre bisherigen Marktanteile weiterhin zu sichern (Forcierung des Preiswettbewerbs).

Deutlich wird diese Tendenz durch die Renaissance von No-Name-Produkten. Profitieren werden von dieser Entwicklung ferner die Anbieter von Standardprodukten im Low-Cost-Bereich sowie die großen Anbieterketten (Supermärkte, Elektronikmärkte), so daß der Fachhandel noch weiter unter Druck gerät. Chancen bestehen hingegen erst recht für die sog. Bau- und Heimwerkermärkte, da die Notwendigkeit zur Kompensation der Lohneinbuße den Trend zur privaten Wertschöpfung noch intensivieren dürfte. Aber auch in diesem Segment tritt eine Wettbewerbsverschärfung aufgrund der abnehmenden Kaufkraft ein.

Ein weiterer Gesichtspunkt, der für die Marktsituation innerhalb der Teilzeitgesellschaft von Bedeutung ist, ist das Phänomen des informationssuchenden bzw. informierten Verbrauchers, der über die Produkte eine umfassende Kenntnis erlangen will und hiervon seine Kaufentscheidung abhängig macht. Dazu gehören neben der unmittelbaren Produktbeschreibung Fragen über ökologische (Umweltverträglichkeit, Gesundheitsgefährdung) sowie über soziale (Kinderarbeit, Ort der Wertschöpfung) Aspekte. Nunmehr hat der sog. kritische Konsument aufgrund seines Freizeitanstieges auch die Gelegenheit, sein Wissen ggf. unter Einschaltung der Verbraucherberatung zu komplettieren und die für ihn optimalen Angebote herauszusuchen. Daneben kann er sich bei Umweltverbänden und im einschlägigen Schrifttum über die ökologischen Tatbestände sachkundig machen. Ein weiteres Hilfsmittel stellt die Nutzung von Datenbanken dar, in denen er im On-Line-Verfahren die erforderlichen Informationen abruft.

Insgesamt wird also aufgrund der determinierten finanziellen Ressourcen bei den Kunden und deren zunehmenden Informationsbedürfnisses die Wettbewerbssituation immer kritischer.

Bei der aktuelle bestehenden Produktpalette wird neben dem Preiswettbewerb, der u. U. seinerseits einen weiteren Rationalisierungsschub auslöst, vor allem das intensive Eingehen auf die Kundenbedürfnisse und die vorherige Erfassung durch einen Ausbau der Servicefunktion und des Marketings zu einem Schlüsselfaktor einer zukünftigen Absatzstrategie. Die Marktteilnehmer müssen demnach noch stärker umworben werden, um ihre Kaufbereitschaft zu wecken. Im Einzelhandel verbreitet sich daher die Tendenz zum sog. Erlebniseinkauf, bei dem gleichzeitig die Emotionen angesprochen und geweckt werden (Wellness-Faktor). Ergänzend wird die Fähigkeit der Anbieter, ihren Kunden einen qualitativ hochstehenden Service zu garantieren, immer wichtiger werden, weil hierdurch eine markante Unterscheidung zu den Mitkonkurrenten erreichbar wird. Dazu gehört sowohl die faire Beratung bei der Kaufentscheidung als auch die sog. After-Sales-Betreuung, die deutlich über die bloße Garantieerklärung hinausgeht. Insbesondere bei technischen Produkten, dies gilt primär gerade für den Bereich der Hard- und Software, bietet sich die Installation eines kompetenten Betreuungsservice an, an den sich die Käufer bei auftretenden Problemtatbeständen unkompliziert wenden können. Zu diesem Zweck werden als Ausgangsbasis vielfach spezielle telefonische Hot-Lines geschaltet, die einen Rund-um-die-Uhr-Service anbieten und zudem noch kostenlos zu nutzen sind.

Zu überlegen ist ferner, eine periodisch wiederkehrende Befragung der Kunden in bezug auf ihre Zufriedenheit mit den erworbenen Produkten, ihre Kritik und mögliche Verbesserungsvorschläge durchzuführen. Mit diesem Ansatz können Informationen über neue Angebote verbunden und gleichzeitig die Kundenbindung gefestigt werden, weil der angesprochene Käufer bemerkt, daß er ernst genommen wird. Es wird der ansonsten begrenzte Kontakt des einmaligen Spotgeschäftes in eine dauerhafte Beziehung übergeleitet, die wichtige Impulse für eine Marken- bzw. Lieferantentreue setzt (horizontale Vernetzung). Zudem kann durch diese systematische Einbindung der Verbraucher in den Innovationsprozeß eine höhere Geschwindigkeitsdynamik und damit ein weiterer Wettbewerbsvorsprung erreicht werden.

Folglich ist die Marktsituation in einer künftigen Teilzeitgesellschaft dadurch gekennzeichnet, daß die Anbieter in den bislang eingeführten Produktsegmenten aufgrund der reduzierten Haushaltseinkommen einer sich zunehmend verschärfenden Konkurrenz ausgesetzt sind und daher sich noch intensiver um die privaten Nachfrager bemühen müssen, die ihrerseits wiederum neben dem Kostenbewußtsein auch bezüglich der Qualität und des Service hohe Ansprüche stellen.

Letztlich bedeutet dies eine Konstellation, bei der die Gewinnmargen der einzelnen Unternehmen abnehmen, während sie zugleich stetig größer werdende kostenintensivere Anstrengungen zur Sicherung des Absatzes realisieren müssen.

Die klassische Konsumgesellschaft, zuletzt in ihrer Ausformung als sog. Freizeitgesellschaft, ist folglich aufgrund der Verknappung der Finanzressourcen im Umbruch und vielleicht als langfristige Tendenz im Verschwinden begriffen. Die entstehende Teilzeitgesellschaft ist also gerade keine Fortschreibung der vielfach beschriebenen Freizeitgesellschaft.

Zwar hat der Arbeitnehmer vielfach sicherlich das Bedürfnis zur Umsetzung von Freizeitaktivitäten und verfügt auch über die nötigen Zeitreserven, jedoch fehlt es an dem ausreichenden monetären Budget, um die bestehenden Optionen auch wahrnehmen zu können.

II. Die Entwicklung innovativer Produkt- und Dienstleistungsideen

Angesichts dieser veränderten Rahmenbedingungen (Mangelsituation), die in den Prognosen und Marketingstrategien, wenn überhaupt, nur bedingt Berücksichtigung finden, und um den Druck des reinen Preiswettbewerbes zu umgehen, bedarf es als Resultat der vorstehenden Ausführungen einer konsequenten Neuorientierung und/oder Ergänzung des bislang gegebenen Angebotes an Produkten und Dienstleistungen, um am Markt weiterhin bestehen zu können. Hierbei sind von vornherein die wesentlichen zwei Merkmale, die das Konsumentenverhalten prägen, mit in die Planung einzubeziehen: Einerseits verfügt der Verbraucher über ein größeres Eigenzeitvolumen, während andererseits ein finanzieller Spielraum abnimmt.

1. Die Verlagerung der Wertschöpfung in die Konsumentensphäre in Verbindung mit einer Ausdehnung der Serviceangebote

Einen Weg, hierauf zu reagieren, stellt eine Verlagerung eines Teiles der Wertschöpfung in den privaten Bereich dar, indem zunehmend mehr sog. „Halbfertigprodukte" offeriert und von dem Endverbraucher schließlich komplettiert werden. Anstelle der Auslieferung einer sofort gebrauchsfähigen Ware tritt also das „Baukastenprinzip", bei dem der Käufer die Materialien zusammenfügt. Der Vorteil besteht darin, daß diese Waren preislich günstiger gestaltet werden, weil das Unternehmen einen bzw. mehrere Arbeitsschritte einspart und die Logistikkosten wegen der raumsparenden kompakten Lagerung und des Transportes der Bausätze reduziert werden.

a. Der Ausbau der bereits bestehenden klassischen „Heimwerker"-Felder

Dieser Gedanke hat vor allem im Möbelhandel (Pionier ist hier Ikea), aber auch im Elektroniksektor Verbreitung gefunden. Für die Unternehmen ist es sinnvoll, unterschiedliche Reifegrade bei den Halbfertigprodukten anzubieten, so daß auf die individuell unterschiedlichen Fertigkeiten der Käufer eingegangen wird. Über- und Unterforderungen werden vermieden.

Eine nächste Stufe in dieser Entwicklung ist die weitere Verlagerung der Wertschöpfung in den privaten Bereich, wenn der Marktteilnehmer nur noch die Rohstoffe und Zutaten erwirbt und hieraus selbständig ein Werk erstellt. Dieser Trend, von dem in den letzten Jahren die Baumarktbetreiber profitierten, dürfte sich noch weiter fortsetzen, da aufgrund der Verknappung der wirtschaftlichen Ressourcen bei den Haushalten die ursprüngliche reine Hobby- und Freizeitbeschäftigung (sog. Heimwerkerbewegung) zu einem wichtigen Instrument zur Kompensation der Lohneinbußen wird.

Folglich bietet es sich an, hierauf die Produktpalette sukzessive auszurichten und entsprechende Materialien und Werkstoffe anzubieten. Darüber hinaus können die damit einhergehenden neuen Marktchancen zudem noch ausgebaut werden, falls neben den „Hardwareprodukten" als Begleitservice noch eine Unterstützung und Förderung dieser privaten Wertschöpfung erfolgt, bspw. indem Kurse und Seminare veranstaltet werden, die der Vermittlung und der Erweiterung der praktischen Fertigkeiten und des erforderlichen Wissens dienen. Auf diese Weise wird nicht nur die Kundentreue gesteigert, sondern auch das Potential zusätzlicher Käufer ausgedehnt. Vor allem bei Frauen, die bislang als Zielpersonen für die in diesem Segment verfolgten Marketingstrategien eher eine untergeordnete Rolle spielten, bieten sich mit auf ihre Bedürfnisse und Kenntnisse abgestimmten Angeboten weitere Optionen zur Gewinnung von Marktanteilen.

Aber auch beim Vertrieb von Endprodukten wird ein ergänzendes Servicespektrum im Kampf um die Kunden ein wichtiges Abgrenzungsmerkmal im Verhältnis zu den Konkurrenten. Dazu zählt neben einer intensiven Einweisung in den ordnungsgemäßen Gebrauch vor allem die Erläuterung von gewissen Reparatur- und Wartungsmaßnahmen, die später selbständig durchgeführt werden. Prädestiniert ist hierfür vor allem der Pkw- und Zweiradbereich. Beim Pkw sollte die Durchführung von kleineren Reparaturen und Wartungen sowie die Beseitigung von Pannen (z. B. Reifenwechsel) im Vordergrund stehen, weil eine darüber hinausgehende Betätigung aus Gründen der Verkehrssicherheit eine erhebliche Fachkunde voraussetzt. Vergleichbares gilt auch für die motorisierten Zweiräder.

Umfassender hingegen können die Schulungen bei der Reparatur von Fahrrädern sein, weil dort das benötigte technische Level niedriger und rascher erlernbar ist. Gerade hier würde ebenfalls die vermehrte Verbreitung von Bausätzen, die preislich niedriger als komplett montierte Fahrräder sind, zur Absatzsteigerung interessant werden.

b. Die Philosophie der Teilfertigung im Bausektor

Dieser Gedanke der Teilfertigung und einer Einbindung der Endabnehmer in die Wertschöpfungskette ist auch für den Bausektor (Hausbau, Renovierung) zu diskutieren. Aufgrund der hohen Preise für Eigenheime haben viele Interessenten nur geringe Aussichten, ihre Ziele zu erreichen. Wie aber schon in bezug auf die mehrwertsteigernden Aktivitäten ausgeführt, sind hier neue Wege zu beschreiten, die zu einer höheren Beteiligung der Bauwilligen führen, durch ihre Mitarbeit zu einer Kostenreduzierung beizutragen. In diese Richtung tendiert gegenwärtig die Herstellung von Hausbausätzen, die dann zum selbständigen Aufbau ausgeliefert werden, wobei sogar noch unterschiedliche Vollendungsgrade gewählt werden dürfen.

Eine qualitativ neue Stufe der privaten Wertschöpfung wird z. B. erreicht, sobald sich mehrere Personen zusammenfinden, um gemeinsam Eigenheime zu errichten, wobei sie sich im Rahmen des Gegenseitigkeitsprinzips untereinander unterstützen, also die Häuser parallel bzw. in zeitlicher Abfolge errichtet werden. Organisiert werden könnte dies in Form von „Siedlungsbauvereinen", die die einzelnen gemeinschaftlichen Bauprojekte organisieren und den Arbeitseinsatz untereinander und die Einschaltung externen Sachverstandes (Architekt, Statiker, Handwerker) koordinieren. Da hierdurch ein wichtiger

Schritt zur Entspannung der Wohnungsmarktproblematik verwirklicht wird, bietet sich zudem eine gezielte Förderung und Unterstützung durch die Kommune wie durch die Länder an, z. B. indem Zuschüsse oder zinsgünstige Darlehen gewährt oder Fachkräfte für die Bauaufsicht und Ausführung zur Verfügung gestellt werden. Daneben haben die Kommunen die Gelegenheit, preiswertes Bauland auszuschreiben, wodurch eine weitere Kostenreduzierung eintritt. Mit einer Förderung dieser Selbsthilfe sparen die staatlichen Institutionen nicht nur Wohngeldzahlungen ein, sondern leisten gleichzeitig noch einen wichtigen Beitrag zur Vermögensbildung. Den Menschen wird auf diese Weise trotz einer Verringerung ihres Realeinkommens eine reale Zukunftsperspektive geboten, so daß mögliche Frustrationspotentiale, die mit einer Verringerung der Arbeitszeit ohne Lohnausgleich einhergehen, reduziert und vermieden werden.

Daß für den Ansatz ein konkreter Bedarf gegeben ist, dokumentieren bereits heute einzelne Initiativen in Nordrhein-Westfalen, die dieses Konzept umsetzen wollen.

c. Die Handwerksbetriebe als „neue" Serviceunternehmen

Nicht nur für die Produzenten und die Händler ändern sich die Anforderungen, sondern gerade auch für die Handwerksbetriebe zeichnen sich im Zuge dieser Entwicklung neue Aufgabenfelder und Chancen ab. Sie könnten zunächst diesen immer wichtigeren Begleitservice übernehmen und die Käufer hinsichtlich der gewünschten Fertigkeitsmerkmale trainieren und praxisnah die erforderlichen Techniken vermitteln. Mit dieser Kooperation werden ebenfalls Marktanteile gesichert, die ansonsten verlorengehen würden, weil sie von vornherein selbständig durchgeführt werden sollten und/oder weil durch die Verknappung der finanziellen Mittel eine externe Auftragsvergabe seitens der Haushalte gar nicht mehr möglich ist.

Die klassischen Baumärkte, die gegenwärtig ihren Aktionsschwerpunkt noch auf der feinen Distribution von Waren haben, übernehmen in eigener Regie bzw. in Zusammenarbeit mit örtlichen Handwerkern von vornherein eine ergänzende Unterstützungs- und Beratungsfunktion. So haben einige Anbieter sog. Heimwerkerakademien gegründet, um die sich abzeichnenden Bedürfnisse abzudecken. In diesem Kontext reicht der Handlungsspielraum von der Vermittlung einfacher Qualifikationen und eines rudimentären Fachwissens in Grundkursen bis zu darauf aufbauenden weiteren Kurseinheiten mit einem höheren Schwierigkeitsgrad. Es erhalten hierdurch auch diejenigen die Option zum Erwerb handwerklicher Kenntnisse, die mit diesen in der beruflichen Sphäre nie konfrontiert worden wären. Des weiteren ist dieser Ansatz weiter ausbaubar, wenn die Handwerksbetriebe auch bei den im Anschluß stattfindenden Aktivitäten der Endverbraucher miteingebunden werden, um die fachgerechte Durchführung zu übernehmen. Sinnvoll ist dies vor allem bei den zuvor beschriebenen Bauprojekten, die in Eigenregie durchgeführt werden. Mit der Übernahme einer intensiven Coaching- und Consultingfunktion werden eine Überforderung der Bauherren sowie hieraus resultierende spätere Schäden von Anfang an vermieden. Insofern wandelt sich zumindest im Privatkundenbereich der inhaltliche Schwerpunkt der Handwerksbetriebe von der ursprünglichen vollständigen fachlichen Ausführung hin zu einer umfassenden Dienstleistungserbringung.

Mit dieser Neuausrichtung werden Marktsegmente, die ansonsten durch die im Zuge der Teilzeitgesellschaft erfolgten Ausdehnung der mehrwertsteigernden Aktivitäten verloren gingen, nachhaltig gesichert oder sogar noch erweitert.

d. Zwischenergebnis

Insgesamt zeigen die vorstehenden Ausführungen, daß die intelligente Verknüpfung einer Palette von Halbfertigprodukten mit hier bezugnehmenden Begleit- und Servicemaßnahmen für die Unternehmen in zunehmendem Maße für die Sicherung der Marktstellung und ihren sukzessiven Ausbau immer stärker in den Vordergrund tritt. Denn die konsequente Einbindung des Endverbrauchers in den Wertschöpfungsprozeß bietet die Chance, dem sich in den klassischen Segmenten jetzt schon abzeichnenden extremen Preiswettbewerb zu entgehen, bzw. ihn zumindest abzumildern.

2. Die Entstehung neuer Produktphilosophien

a. Das Angebot von langlebigen Produkten und ihre modulare Architektur

Wie bei der Tendenz zu der vermehrten Verbreitung von Halbfertigprodukten schon erläutert, wird das Kundenverhalten in der Teilzeitgesellschaft neben einem steigenden Qualitätsbewußtsein vor allem durch ein sinkendes Realeinkommen geprägt sein.

Eine angemessene Reaktion hierauf könnte in der Schaffung langlebiger Produkte liegen, deren Substitutionszeitraum entsprechend ausgedehnt wird, so daß spätere Ersatzanschaffungen verschoben werden. Dieser Aspekt könnte die Kaufkraft auf diese Waren lenken, da sie insoweit für die Haushalte auf Dauer zu Einsparungen führen. Um aber gleichzeitig nachfolgende Innovationen berücksichtigen zu können, bietet sich vor allem bei technischen Komponenten eine modulare Bauweise an, die ein up-grading durch einen Austausch einzelner Elemente eröffnet. Dies geschieht bereits bei EDV-Anlagen, die sowohl bei der Hard- als auch bei der Software nachgerüstet werden können.

Auch ein einmal erworbener PC kann mittlerweile durch die offene Architektur an den Neuerungen partizipieren. Interessant ist dieser Gedanke nicht nur bei den technischen Unterhaltungs- bzw. Funktionsgeräten (z. B. im Küchen- oder Gartenbereich), sondern auch im Automobilsektor. Dort weisen die wesentlichen Grundbestandteile (Fahrwerk, Karosserie) durch die Verwendung neuer Materialien (Kunststoffe, Aluminium) und durch eine beträchtliche allgemeine Steigerung bei der Produktqualität eine immer länger werdende Lebensdauer auf. Entsprechendes gilt auch für den Motor. Folglich kann der erworbene Pkw unter reinen Nutzungsaspekten über einen extrem langen Zeitraum genutzt werden, wobei zudem die Inspektionszyklen ständig ausgedehnt werden. Damit wird es möglich, eine Grundversion auf Dauer beizubehalten, die sukzessive dem technischen Fortschritt entsprechend nachgerüstet wird. Dies gilt für die Elemente der passiven Sicherheit wie für Komfortverbesserungen.

Um Veränderungen in der ästhetischen Auffassung Rechnung zu tragen, wäre ferner denkbar, auch die Karosserie als eine austauschbare Einheit zu entwerfen, so daß auf dem Fahrwerk jeweils neue Versionen installierbar sind. Möglich wäre dann aber auch ein permanenter kurzfristiger Wechsel dergestalt, daß zwischen einem normalen „Alltagsauto" und einem „Funcar", bzw. einer Sommer- und einer Winterversion gewählt werden kann. Dies hat zur Konsequenz, daß anstelle eines Pkw ein kompletter Systemsatz durch den Händler geliefert wird, bzw. diese Option für spätere Erweiterungen gegeben ist. Anstelle des traditionellen Neuwagengeschäfts tritt dann die Systembetreuung und der Austausch von Modulelementen sowie deren Einlagerung (z. B. Sommer-, Winterversionen).

Es erfolgt insoweit eine Intensivierung des Servicegedankens, durch den wiederum eine langfristige Kundenbindung erreicht wird. Die Akzentuierung von langlebigen Produktmodulen stellt somit mit eine Möglichkeit dar, auf die veränderten Marktbedingungen (Kaufkraftreduzierung) angemessen zu reagieren und Alternativen zum reinen Preiswettbewerb, der einen massiven Verdrängungscharakter aufweist, wahrzunehmen. Die Verlängerung der Haltbarkeit trägt ferner noch zu einer Entlastung der Umwelt bei, weil weniger Rohstoffe verwendet werden und die Abfallmenge reduziert wird.

b. Das Angebot an Entsorgungs- und Zweitverwertungsoptionen

Ergänzt werden kann diese Strategie noch durch die Bereitstellung bzw. Organisation von Entsorgungsgelegenheiten, die der Käufer in Anspruch nehmen kann, sobald er sich von einem Gegenstand trennen will.

Gerade die technischen Geräte (Pkw, PC) weisen aufgrund der verwendeten Materialien eine erhebliche Umweltbelastung auf. Dieses Problem wird entschärft, wenn der Hersteller eine sinnvolle Alternative zur Verschrottung bietet. Dieser Ansatz vollzieht sich bereits gegenwärtig dergestalt, daß bei bestimmten technischen Produkten (Kühlschränke, TV-Geräte) besonders prekäre Stoffe getrennt und gesondert verwertet werden. Neben diesem reinen Umweltaspekt ist aber auch die Chance gegeben, diese Abfallprodukte wiederum als Quelle für Ressourcengewinnung zu nutzen.

Der ökonomische Vorteil für die Konsumenten besteht zunächst einmal darin, daß ansonsten zu erbringende Entsorgungskosten entfallen, vor allem wenn mit dem Kauf ein entsprechender „Rücknahmegutschein" gegeben wird, der später zur Einlösung gelangt. Auch ist bei einer Rückgabe von Geräten zur Reststoffgewinnung eine Prämienzahlung denkbar, sei es in Form von Bargeld oder aber in Gutscheinen.

Soweit sich Hersteller und Händler selbst mit diesen Aufgaben nicht zusätzlich belasten wollen, ist eine Übertragung auf externe Dienstleister sinnvoll, die hierfür eine Vergütung erhalten. Durch die Maßnahmen wird nicht nur das ökologische Bewußtsein der Verbraucher angesprochen, sondern parallel auch ein Beitrag zur Verbesserung der finanziellen Lage der Privathaushalte gesetzt. Ein positiver Begleiteffekt ist zudem die Verstärkung der langfristigen Kundenbindung.

Daneben kann sich auch ein spezieller Zweitmarkt (Second-hand-Markt) für gebrauchte Güter etablieren, auf dem aufgearbeitete Produkte angeboten werden. Dies kann, wie das bereit in vielen Städten geschieht, mit Maßnahmen der Arbeitsförderung verbunden werden.

3. Die schwerpunktmäßige Ausdehnung des Dienstleistungssektors im Beratungsbereich

Eine weitere allgemeine Entwicklung, die sich mit der Forcierung der Teilzeitgesellschaft noch intensivieren wird, ist die stetige Ausdehnung des Dienstleistungssektors, der auch von den Privathaushalten in Anspruch genommen werden wird. Dazu gehören zunächst die traditionellen Angebote.

a. Das Finanzconsulting

Gerade ein abgesenktes Haushaltseinkommen bedeutet, daß sich die Beschäftigten bezüglich ihrer finanziellen Planungen optimal informieren, um unnötige Nutzeneinbußen zu vermeiden. Wichtig sind dabei Maßnahmen zur Altersvorsorge, um spätere Lücken zu verhindern. Es gilt dabei neben der staatlichen Grundsicherung eine weitere Basis aufzubauen.

Im Regelfall nimmt zudem mit den sinkenden Einkommen auch die Sparquote ab, so daß die noch zur Verfügung stehenden Ressourcen in Anlageformen investiert werden müssen, die eine maximale Rendite versprechen und gleichzeitig der Risikobereitschaft des Anlegers entsprechen. Um in diesem Kontext die ideale Struktur zu finden und umzusetzen, bedarf es zunehmend der Hinzuziehung externen Sachverstandes, der die einzelnen Möglichkeiten (Aktien, Anleihen, Investmentfonds) analysiert und Empfehlungen ausspricht.

Daß die Banken und Sparkassen, die vielfach lediglich ihre eigenen Hausprodukte protegieren, den Kundenanforderungen schon gegenwärtig nicht gerecht werden, zeigt die immer größer werdende Zahl von Finanzdienstleistungsunternehmen. Dieser Trend dürfte daher mit der Verknappung der Geldmittel in den privaten Haushalten noch weiter zunehmen.

Ein weiteres Feld ist ferner auch der Versicherungsbereich, der aufgrund der Liberalisierung des Europäischen Binnenmarktes hinsichtlich der offerierten Leistungen und der Bonität der Gesellschaften immer undurchschaubarer wird. Wegen des entfallenen Vorabgenehmigungsverfahrens vor dem Bundesamt für Versicherungswesen ist der Kunde noch mehr mit möglichen Risiken belastet. Auch hier entsteht folglich ein großer Handlungsspielraum für unabhängige Berater, die den Kunden bei der Entscheidung unterstützen.

b. Die unterstützende Begleitung und Beratung von erwerbswirtschaftlich ausgerichteten mehrwertsteigernden Aktivitäten

Eine qualitativ neue Dimension stellt darüber hinaus der Beratungsbedarf in bezug auf die sog. mehrwertsteigernden Aktivitäten dar, durch die die Beschäftigten eine Einkommensverbesserung erzielen wollen.

Zur Orientierung benötigen sie zunächst grundlegende Informationen über die objektiven bestehenden Handlungsfelder, in denen sie sich engagieren können, und wo überhaupt ein konkreter Bedarf gegeben ist. Ferner müssen Kontakte mit Auftraggebern wie mit anderen Interessierten (z. B. bei einer Projektarbeit) vermittelt werden. Wird nun aber die Aufnahme einer selbständigen Tätigkeit avisiert, so ist der Teilzeitworker i.d.R. schon vollständig mit der Realisierung seiner fachlichen Aufgaben ausgelastet. Er wird daher für die Erledigung der zusätzlich anfallenden Managementtätigkeiten ebenfalls auf externen Sachverstand zurückgreifen müssen.

Für den Typus dieses „neuen (Teilzeit-)Selbständigen" können externe Dienstleister z. B. die Buchhaltung, die Steuerberatung, das Marketing sowie die verwaltungstechnische Abwicklung von Aufträgen übernehmen.

4. Das Management von Infrastrukturprojekten

Ein weiteres Feld stellt ferner die Mitwirkung und Koordinierung der Infrastrukturprojekte dar, in die die (Teilzeit-) Beschäftigten integriert werden. So konnten sich hierauf spezialisierte Beratungsunternehmen bilden, die zielgenau und effizient die beteiligten Regelungsakteure (staatliche Institutionen, Tarifvertragsparteien, Betriebspartner) unterstützen und auf der operativen Ebene die Realisierung übernehmen.

Hierin ist eine ökonomisch sinnvolle Alternative gegenüber einer ausschließlich hoheitlichen Organisation zu sehen, da auf diese Weise einer Ausdehnung der Staatsquote und den damit einhergehenden hohen Kosten entgegengetreten wird.

Parallel zu der Entwicklung zu einer Forcierung derartiger Infrastrukturprojekte müssen sich die bisher dort agierenden Profit- wie Non-Profit-Unternehmen zwangsläufig auf eine Restrukturierung ihrer Organisation wie ihrer offerierten „Produkte" bzw. Leistungen einstellen.

Dies ergibt sich aus dem Umstand und der Intention einer zunehmend umfangreicher und intensiver werdenden Integration von bislang externen Akteuren. Denn mit der Einbindung der nunmehrigen Teilzeitarbeitnehmer sollen einmal deren Lohneinbußen kompensiert und zum zweiten der sich aufgrund der notwendigen vor allem zeitlichen Angebotsausdehnung ergebende Bedarf an weiteren Arbeitskräften gedeckt werden.

Angesichts dieser Re-Privatisierung i. S. einer Rückverlagerung in die private Sphäre tritt zwangsläufig ein Wandel dergestalt ein, daß anstelle einer vollständigen Aufgabenerledigung durch die Institutionen diese vielmehr eine „Brückenkopf"- bzw. Holdingfunktion innehaben werden.

Ein Aspekt besteht dann in der Ausbildung, Anleitung und Kontrolle der neu hinzukommenden Mitarbeiter und ihrer Evaluierung.

Im gesamten Pflege- und Betreuungsbereich wird folglich ein radikaler Wandel eintreten.

5. Das Management von Qualifizierungsprojekten

a. Die Notwendigkeit einer Reorganisation des Bildungssektors

Eine weitere Boombranche der Teilzeitgesellschaft stellt der Qualifikationssektor dar, weil der volkswirtschaftliche Wohlstand von dem zur Verfügung stehenden Humankapital abhängig ist (Stichwort: Wissensgesellschaft) und zudem für die einzelnen Akteure angesichts der rasanten Änderungen der Arbeitsbeziehungen (IuK-Techniken, beschleunigte Verfallszeit der individuellen Wissensbasis) die permanente Fort- und Weiterbildung unerläßlich ist.

Neben dieser unmittelbar arbeitsplatzbezogenen Ausbildung tritt die darüber hinausgehende Steigerung des individuellen Wissensstandes, indem ein individuell höheres Qualifikationsniveau (IHK-Zertifikat, Diplome von Hoch- und Fachhochschulen, MBA etc.) angestrebt wird. Denn allein hierin liegt zukünftig der Schlüssel für Wohlfahrtssteigerungen bei den einzelnen Akteuren, um so ein höheres Einkommen zu erzielen.

Gerade soweit im Rahmen der mehrwertsteigernden Aktivitäten eine selbständige Tätigkeit angestrebt wird, sind erst die erforderlichen kaufmännischen Grundkenntnisse zu erwerben, um im Wettbewerb erfolgreich zu sein. Insgesamt wird damit insbesondere der tertiäre Bildungsbereich immer weiter sowohl qualitativ wie quantitativ an Gewicht gewinnen.

Da bereits zum gegenwärtigen Zeitpunkt das staatliche Bildungssystem den aktuellen Anforderungen schon nicht mehr gerecht wird und aufgrund der Überlastungen und der insgesamt zu verzeichnenden rasanten Kostensteigerungen zunehmend ineffizienter wird, bedarf es hier ebenfalls einer grundlegenden Neuausrichtung der Wissensvermittlung.

Ein Lösungsansatz ist dabei gerade die Einbindung privater Leistungsanbieter, die, im Gegensatz zu den immer noch durch eine Vielzahl von Rechtsnormen determinierten und mit hohen Personalkosten arbeitenden öffentlichen Einrichtungen, schnell und effektiv auf die „Kundenbedürfnisse" eingehen können

b. Die Schaffung eines Bildungsmarktes

Auf Basis eines Systems, in welchem der Staat sog. Weiterbildungsgutscheine ausgibt, werden schließlich auch die Bedingungen für einen funktionierenden Markt noch verbessert, so daß eine entsprechend bessere Ressourcenverteilung möglich wird. Es würde ein Modell geschaffen, bei dem die hoheitlichen Institutionen eine Grundversorgung gewährleisten, während darauf aufbauend private Träger ergänzend agieren. Für den Staat bleibt es bei der reinen Fachaufsicht und weiteren Zertifizierung der erreichten Abschlüsse, so daß bei einer Gesamtbetrachtung erhebliche Finanzmittel eingespart werden.

Für die nunmehr im Wettbewerb stehenden „Bildungsunternehmer" bedeutet dies die Entwicklung von Qualifizierungsmodulen, die sowohl von ihrem Inhalt als auch von ihrer Komfortabilität den Präferenzen der Nachfrager entgegenkommen. Da diese nur über ein begrenztes Gutscheinkontingent verfügen und ggf. ergänzende finanzielle Aufwendungen zu tragen haben, dürften sie auch die jeweiligen Angebote einer kritischen Überprüfung unter dem Aspekt der individuellen Nutzenmaximierung unterziehen und somit ein diesbezügliches Qualitätsbewußtsein entwickeln.

Sogenannte Luxusweiterbildungsveranstaltungen, wie sie im Rahmen der Arbeitsmarktförderung zumindest in der Vergangenheit vielfach Verbreitung gefunden haben und die durch den Staat vollständig finanziert wurden, hätten somit keine Chance mehr, insbesondere weil sie für die Teilnehmer keine Verbesserung ihres Humankapitals und ihrer beruflichen Perspektiven bewirken. Die Fehlallokation wird also beschränkt.

Die Konsequenz ist, daß die Anbieter aufgrund dieser Konkurrenzlage ein Angebot zusammenstellen müssen, das nachvollziehbar die berufsspezifischen Fähigkeiten erweitert bzw. zu höherwertigen, staatlich anerkannten Abschlüssen führt. Wem es in diesem Kontext gelingt, eine für die Teilnehmer optimale Kosten-Nutzen-Beziehung zu erreichen, der dürfte in dem Bildungsmarkt eine stabile Position einnehmen.

c. Der konsequente Einsatz von IuK-Techniken bei der Wissensvermittlung

Zu der inhaltlichen Ausrichtung tritt als weiterer Gesichtspunkt die organisatorische Umsetzung der Lerneinheiten und der Wissensvermittlung. Diese wird künftig im wesentlichen durch den Einsatz der IuK-Techniken geprägt sein, die den unmittelbaren Unterricht, der durch eine ständige Präsens aller Akteure gekennzeichnet ist, ergänzen bzw. ablösen.

Auf diese Weise werden seitens des Anbieters nicht nur Aufwendungen eingespart (z. B. geringerer Anmietungsbedarf von Schulungsräumen, Reduzierung von Personalkosten), sondern, was noch viel wichtiger ist, der Teilnehmer gewinnt einen höheren zeitlichen Dispositionsspielraum, da er einzelne Kurseinheiten per PC nach seinen Vorstellungen abrufen kann. Die früher gegebene Schwierigkeit einer Koordination mit beruflichen wie privaten Anforderungen werden also abgemildert.

Die Entwicklung der Multi-Media-Technik und der Aufbau der Datenleitungen (z. B. ISDN) erlauben es, qualitativ hochstehende und anspruchsvolle Konzepte zu gestalten, die unabhängig von der direkten Anwesenheit des Dozenten eine erfolgreiche Wissensvermittlung sicherstellen (Stichwort: virtuelle Universität). Die Kommunikation wird ebenfalls durch den PC-Einsatz sichergestellt, z. B. indem über ein E-Mail-System aktuelle Fragen und Probleme ausgetauscht werden, so daß die Ansprechbarkeit jederzeit gewährleistet ist.

Darüber hinaus ist aber im On-Line-Verfahren eine Kommunikation in Echtzeit möglich. Mit dieser Informationalisierung des Lernprozesses kann der Umfang der notwendigen Präsenzveranstaltungen reduziert werden, wobei diese zu Blöcken zusammenfaßbar sind. Dies bedingt einen erheblichen Abbau der Streßsituation, die gerade bei den berufsbegleitenden Qualifizierungen auftaucht und damit einen wesentlichen Faktor für das Scheitern darstellt. Zudem bedeutet die Virtualisierung eine Überwindung der räumlichen wie lokalen Grenzen, wodurch vor allem kleinere und mittlere Anbieter ihren Akquisitionsbereich ausdehnen können und nicht ausschließlich auf ihren unmittelbaren Standort beschränkt sind.

6. Das Angebot und das Management von nutzensteigernden Freizeitaktivitäten

Ein über den traditionellen Fort- und Weiterbildungsbereich hinausgehendes und dennoch mit diesem in gewisser Weise eng verbundenes Dienstleistungssegment stellt die Entwicklung und das Angebot von weiteren aktiven Angeboten zur Nutzung der immer umfangreicheren Freizeiteinheiten der Teilzeitbeschäftigten dar. So wurde bereits oben auf die besonderen Frustrationspotentiale hingewiesen, die das Resultat fehlender sinnstiftender Freizeitaktivitäten darstellen.

Zur Entschärfung dieser Problematik, die einen negativen Rückkoppelungseffekt auf die Arbeitsproduktivität aufweisen kann, besteht gerade für den Arbeitgeber das ökonomische Erfordernis, derartigen Tendenzen aktiv entgegenzusteuern und an der Umsetzung diesbezüglicher Freizeitkonzepte mitzuwirken bzw. diese zu fördern. Im Gegensatz zum Incentive-Ansatz, bei dem ein bestimmter Leistungserfolg belohnt wird, handelt es sich hierbei um eine vorbeugende Maßnahme, um spätere Leistungsabfälle zu verhindern. In Zusammenarbeit mit externen Anbietern bietet sich als Lösung die Entwicklung von Programmen an, die zu einer wohlfahrtssteigernden Verwendung der Eigenzeit auf seiten der Mitarbeiter führen und damit zu ihrer Gesamtzufriedenheit beitragen. Die Teilzeitbeschäftigten erhalten auf diese Weise die Gelegenheit, trotz ihres reduzierten finanziellen Handlungsrahmens ihren individuellen Freizeitnutzen zu sichern oder sogar auszubauen.

Dies eröffnet innovativen Dienstleistungsunternehmen die Chance zur Erschließung und Besetzung neuer Marktbereiche, indem sie diese spezifischen Bedürfnisse der Teilzeitgesellschaft befriedigen. Zu denken ist, ergänzend zu den klassischen Freizeitaktivitäten aus dem Sport- bzw. Hobbybereich, an die Organisation von Programmen, die spezifische Fertigkeiten vermitteln bzw. fortentwickeln und somit auch einen Ausgleich zur beruflichen Tätigkeit bieten. Dazu zählen neben den kulturellen und kreativen Angeboten (z. B. Theaterworkshops, bildende Kunst) vor allem aber Seminare, bei denen die handwerkliche Ausrichtung dominiert. Insbesondere für die „Wissensarbeiter", deren Arbeitsmittel der PC ist und die daher mit einem stofflichen Leistungssubstrat kaum noch in Berührung kommen, bieten sich Seminare und Kurse an, bei denen die unmittelbare Beschäftigung mit Gegenständen (z. B. Holzbearbeitung) erfolgt.

Insoweit wird durch diese Maßnahmen für die Akteure die nicht mehr gegebene Ganzheitlichkeit i.S.d. Beanspruchung sämtlicher individueller Fähigkeiten rekonstruiert. Gerade mit der sich abzeichnenden stetigen Verbreitung der Telearbeit dürfte sich der Bedarf nach derartigen Kompensationsoptionen synchron steigern, so daß hier vielfach noch erhebliche Marktchancen verborgen liegen. Um die Leistungskraft ihrer Mitarbeiter zu stabilisieren, müssen die Unternehmen daran interessiert sein, derartige Aktivitäten mitzufinanzieren und zu unterstützen.

7. Zwischenergebnis

Die vorstehenden Ausführungen zeigen also deutlich den mit der Intensivierung der Teilzeitgesellschaft einhergehenden, stetig wachsenden arbeitnehmerorientierten Dienstleistungsbedarf, der für viele innovative Anbieter umfangreiche Handlungsspielräume und weitere Aktionsfelder erschließt. Sie weisen die Gemeinsamkeit auf, daß sie unabdingbar an das reduzierte Einkommensniveau der Arbeitnehmer anzuknüpfen haben und daher nicht nur über eine attraktive Preis-Leistungsrelation verfügen müssen, sondern darüber hinaus auf eine nachvollziehbare individuelle Nutzenmaximierung auszurichten sind.

Anders als in der sog. Freizeitgesellschaft nimmt der geschilderte Aspekt einer monetären Kompensation der Einkommensausfälle, die mit der Absenkung der Arbeitszeit einhergehen, einen oberen Stellenwert auf der Werte- und Prioritätenskala ein. Wie die vorhergehende Darstellung veranschaulicht, wird in der Teilzeitgesellschaft nicht nur eine verringerte ökonomische Disposition der Marktteilnehmer geprägt, die wiederum zu einer Belastung der Märkte führt, sondern es bilden sich im Gegensatz weitere neuere Aktionsfelder, die von innovativen Unternehmen besetzt werden, die auf die gewandelte Bedürfnissituation der Kunden eingehen und diese befriedigen.

Der wesentliche Paradigmenwechsel ist darin zu sehen, daß im Gegensatz zur sog. Freizeitgesellschaft nicht mehr ausschließlich der Konsum- und Spaßgedanke im Vordergrund steht, sondern angesichts des Rückganges der Haushaltseinkommen der Aspekt der privaten Wertschöpfungssteigerung immer wichtiger wird. Dies zeigt nochmals, daß die Teilzeitgesellschaft gerade nicht als bloße Fortschreibung der Freizeitgesellschaft bewertet werden darf.

III. Die Entwicklung und der Ausbau des sog. dritten Sektors

Der dritte Sektor beschreibt den Bereich, der zwischen der rein marktwirtschaftlichen und der öffentlichen Ebene liegt und eine gewisse Zwischenstellung einnimmt. Traditionell zählt hierzu der gesamte Komplex der ehrenamtlichen Aufgaben, die die Bürger freiwillig erfüllen.

Daneben existiert aber auch eine gewisse Professionalisierung durch die dort angesiedelten Non-Profit-Organisationen (z. B. Wohlfahrtsverbände), die die jeweiligen Maßnahmen koordinieren, um ein Effizienzmaximum zu erreichen. Die Intention der meisten Aktivitäten zielt dabei auf den Aspekte der Gemeinnützigkeit ab, indem sie zumeist sozial prekäre Notsituationen zu lindern versuchen.

Ein weiteres Aktionsfeld stellen ferner die ökologischen Maßnahmen dar, wo sich insbesondere im Rahmen von Umweltinitiativen eine Vielzahl neuer Projekte gebildet haben.

So konnte in den vorstehenden Ausführungen bereits aufgezeigt werden, welche Defizite gerade in der öffentlichen Infrastruktur noch bestehen und wie sie nur durch die konsequente Einbindung der Bürger als Betroffene geschlossen werden können. Allerdings besteht aber insoweit die Notwendigkeit, deren Engagement und die dabei erbrachte (soziale) Wertschöpfung monetär zu erfassen und zu entlohnen.

Hierauf basiert das Konzept der sog. mehrwertsteigernden Aktivitäten, durch welches die mit der zunehmenden Arbeitszeitreduzierung einhergehenden Einkommenseinbußen kompensiert werden sollen. Es tritt also eine Verknüpfung der traditionellen Erwerbsarbeit (in Form der Teilzeit) mit der Teilnahme an volkswirtschaftlich sinnvollen Projekten (Betreuungs- und Pflegeaufgaben, Kulturarbeit, Umweltprogramme, Stadtsanierung und -erneuerung), wofür die beteiligten Akteure eine finanzielle Gratifikation in Form von staatlichen Transferleistungen erhalten. Mit dieser sukzessiven Professionalisierung des traditionellen „Ehrenamtes" wird insgesamt ein wichtiger Beitrag zur Stabilisierung der gesellschaftlichen Beziehungen als auch zu einer allgemeinen und individuellen Nutzensteigerung gesetzt. Es handelt sich hierbei um den eigentlichen ökonomischen wie sozialpolitischen Quantensprung auf ein höheres volkswirtschaftliches Wohlfahrtsniveau. Für die staatlichen Institutionen liegt der Vorteil zunächst darin, daß sie viele Aufgaben delegieren können, die sie selbst aufgrund des hohen Verwaltungsaufwandes erheblich finanziell belasten würden.

Stattdessen reduziert sich ihr Beitrag vor allem auf die Übernahme von Grundkosten und den Transferzahlungen. Diese können aber letztlich zumindest teilweise aus eingesparten Aufwendungen für ansonsten fällige Sozialkosten (Arbeitslosenhilfe, -geld oder Sozialhilfe) geleistet werden. Gleichzeitig entfallen aber auch zusätzliche Personalkosten, die gerade im Öffentlichen Dienst aufgrund der vielfachen Nebenleistungen erheblich über den Transferzahlungen liegen dürften.

Mit diesen bereits oben beschriebenen Reprivatisierungsbestrebungen erfolgt also eine aus Sicht des Staates effiziente, weil kostengünstige Aufgabenerbringung. Die dort agierenden Arbeitnehmer nehmen insoweit eine Hybridstellung ein, als sie einerseits zwar in substaatlichen Förderprogrammen eingebunden sind, andererseits aber weiterhin auf dem sog. ersten Arbeitsmarkt integriert bleiben. Die Projektierung und Realisierung sinnvoller Infrastrukturmaßnahmen innerhalb dieses dritten Sektors sowie die konzertierte Zusammenarbeit aller betroffenen Entscheidungsträger (Staat, Tarifvertragsparteien, Betriebspartner) weist also im Hinblick auf die Stabilisierung der Teilzeitgesellschaft eine wichtige Schlüsselfunktion auf.

F. Schlußbetrachtung

Die vorstehende Abhandlung verdeutlicht, welche umfassenden Veränderungsprozesse in der sich bereits heute am Horizont abzeichnenden Teilzeitgesellschaft vollziehen.

Das Resultat ist eine Struktur, die sie erheblich von der klassischen Arbeits- sowie der Freizeitgesellschaft unterscheidet und die ferner zu einer Reorganisation sämtlicher Lebensbereiche führt. Diese Entwicklungstendenzen in ihrer Gesamtheit aufzuzeigen und gleichzeitig konkrete Handlungsempfehlungen auszusprechen, ist das Anliegen dieser Veröffentlichung. In diesem Kontext wurde sichtbar, welche Rückkoppelungseffekte sich aus der Reduzierung der Arbeitszeit ohne Lohnausgleich (= Teilzeit) für die gesellschaftlichen Beziehungen in ihrer vollen Komplexität ergeben. Wie diese Herausforderungen angenommen werden, ist auf Dauer daher entscheidend, ob die qualitativen Chancen der Teilzeitgesellschaft (z. B. stärkere Einbindung des Einzelnen in die Entscheidungsprozesse, Förderung von mehrwertsteigernden Aktivitäten) auch nachhaltig realisierbar sind.

Insgesamt zeigt sich aber, daß die Hinwendung zur Teilzeitbeschäftigung insbesondere unter dem Aspekt der Beschäftigungssicherung nicht zwangsläufig zu einer bloßen Umverteilung des Mangels („weniger Arbeit für alle") führt, sondern stattdessen zugleich neue Aktionsfelder, die eine gesamtwirtschaftliche Nutzensteigerung bewirken, entstehen. Voraussetzung ist allerdings, daß die staatlichen wie kollektivvertraglichen Regelungsinstanzen die optimale Zuordnung des Humankapitals in die benötigten Bereiche aktiv fördern und unterstützen.

Dies bedeutet aber insgesamt eine Abkehr von den traditionellen ökonomischen wie arbeitsmarktpolitischen Vorstellungen, die immer noch von einer zu starken exklusiven Reintegration der Arbeitskräfte in den sog. ersten Arbeitsmarkt ausgehen oder aber als Konsequenz zu einem verfestigten zweiten Arbeitsmarkt führen, auf dem letztlich die entlassenen Mitarbeiter „zwischengelagert" oder gar, was gerade für die Älteren zutrifft „entsorgt" werden.

Durch die Verknüpfung von Teilzeitkonzepten mit der Beschäftigung in staatlich finanzierten Infrastrukturprojekten wird diesen negativen Tendenzen von vornherein begegnet: Die Arbeitnehmer behalten weiterhin den unmittelbaren Kontakt zu wettbewerbsbezogenen Arbeitsplätzen, so daß ihr Humankapital weiterhin ständig den aktuellen Marktanforderungen angepaßt wird. Parallel werden ergänzende Einkommenskomponenten ermöglicht, die die Lohnreduzierungen bei der Umwandlung von Vollzeit- in Teilzeitarbeitsverhältnisse ausgleichen. Schließlich stehen auf diese Weise für die geplanten Infrastrukturprojekte gut ausgebildete Arbeitskräfte zur Verfügung.

Als Resümee kann daher die Feststellung getroffen werden, daß die Teilzeitgesellschaft für alle Beteiligten neben den schon umfassend diskutierten Risiken auch beträchtliche Chancen zu Wohlfahrtssteigerungen bietet.

Voraussetzung ist allerdings eine Sichtweise, die diese besonderen Strukturen erkennt und in ihnen nicht nur die bloße Fortsetzung der Freizeitgesellschaft sieht. Ziel dieses Buches ist es daher, auf den anstehenden Paradigmenwechsel hinzuweisen und praktikable Vorschläge für konkrete Realisierungsansätze zu bieten.

Literaturverzeichnis

Acker, S.: Die Alterssicherungssysteme in der Europäischen Union - Probleme und Perspektiven der Koordinierung. Arbeit und Sozialpolitik 1994, Heft 3-4, S. 16 ff.

Bahl-Benker, A.: Elektronische Heimarbeit - die schöne neue Arbeitswelt? Die Mitbestimmung 1983, S. 572

Beyer, H.-T.: Betriebliche Arbeitszeitflexibilisierung. München 1986

Böckly, W.: Personalanpassung. Ludwigshafen 1994

Böndel, B.: Wie ein Magnet. WirtschaftsWoche 1995, Nr. 9 vom 23.02.95, S. 78 ff.

Danne, H. T.: Das Job-Sharing: Seine arbeits- und sozialversicherungsrechtliche Beurteilung nach Inkrafttreten des Beschäftigungsförderungsgesetzes 1985. Neuwied 1986

Däubler, W.: Das Arbeitsrecht 2. Leitfaden für Arbeitnehmer. 10. vollständig überarbeitete, erweiterte Neuauflage. Reinbek bei Hamburg 1995

Dellekönig, Chr.: Der Teilzeit-Manager. Argumente und erprobte Modelle für innovative Arbeitszeitregelungen. Frankfurt a. M./New York 1995

Ergenzinger, R.: Arbeitszeitflexibilisierung: Konsequenzen für das Management. Bern/ Stuttgart/Wien 1993

Glaubrecht, H./Wagner, D./Zander, E.: Arbeitszeit im Wandel. 3. Auflage. Freiburg i. Br. 1988

Groß, H./Thoben, C./Bauer, F.: Arbeitszeit '89. Ergebnisse einer aktuellen Repräsentativbefragung zu den Arbeitszeitstrukturen und Arbeitszeitwünschen der abhängig Beschäftigten in der Bundesrepublik Deutschland. Köln 1989

Hartz, P.: Jeder Arbeitsplatz hat ein Gesicht. Frankfurt 1995

Hoff, A.: Betriebliche Arbeitszeitpolitik zwischen Arbeitszeitverkürzung und Arbeitszeitflexibilisierung (Beiträge zur Sozialökonomik der Arbeit 7). München 1983

Huth, B./Schlegelmilch, C.: Teilzeitarbeit aus betrieblicher Sicht: Kosten, Nutzen und optimale Gestaltung. PdA Praxis-Handbuch der Arbeitszeitgestaltung 1987 ff., Heft 1/1989, Gruppe 4, S. 73 ff.

Inglehart, R.: Kultureller Umbruch. Wertewandel in der westlichen Welt. Frankfurt a. M. 1989

Kilian, W./Borsum, W./Hoffmeister, U.: Telearbeit und Arbeitsrecht - Ergebnisse eines Forschungsprojektes. NZA 1987, S. 401 ff.

Kilz, G. u. a.: Mitbestimmungsrechte beim Einführen von Gleitzeitarbeit. Arbeit und Arbeitsrecht 1993, Heft 8, S. 238 ff.

Kilz, G./Reh, D. A.: Die Neugestaltung der Arbeitszeit als Gegenstand des betrieblichen Innovationsmanagements. Baden-Baden 1996

Kohl, W./Schanzenbach, D.: Wird Schichtarbeit mit Gleitzeit humaner? Humane Produktion 1984, S. 33 ff.

Lackowski, A.: Teilzeitarbeit. Ein Weg zur Flexibilisierung der Arbeitszeit, in: Jacob, H. (Hrsg.): Arbeitszeitverkürzung. Wiesbaden 1984, S. 143 ff.

Lang, K./Ohl, K.: Lean production. Köln 1993

Lipke, G.-A. u. a.: Gemeinschaftskommentar zum Teilzeitarbeitsrecht (GK-TZA) Neuwied u. Darmstadt 1987

Marr, R.: Arbeitszeitmanagement: Grundlagen und Perspektiven der Gestaltung flexibler Arbeitszeitsysteme. 2. Auflage. Berlin 1993

Matthies, H./Mückenberger, U./Offe, C./Peter, E./Raasch, S.: Arbeit 2000. Anforderungen an eine Neugestaltung der Arbeitswelt. Reinbek bei Hamburg 1994

Meyer, H.-J.: Kapazitätsorientierte Variable Arbeitszeit (KAPOVAZ). Neuwied u. Frankfurt 1989

Oechsler, W. A.: Personal und Arbeit. Einführung in die Personalwirtschaft unter Einbeziehung des Arbeitsrechts. 5., überarbeitete und erweiterte Auflage. München/Wien 1994

Reh, D. A./Kilz, G. u. a.: Möglichkeiten der Gestaltung flexibler Arbeitszeiten. Personalwirtschaft 1990, S. 15 ff.

Reh, D. A./Kilz, G.: Ökonomische und arbeitsrechtliche Regelhaftigkeiten der Arbeitszeitflexibilisierung. Eine interdisziplinäre Untersuchung über den Flexibilisierungsprozeß der Arbeitszeit. Kassel 1992

Reh, D. A./Kilz, G.: Innovative Arbeitszeitsysteme nach dem neuen Arbeitszeitrecht. Ein Handbuch für die Praxis. Berlin 1996

Richter, G./Stackelbeck, M.: Arbeitszeitpolitik für Eltern kleiner Kinder. Modelle, Anregungen, Lösungen für die Bundesrepublik Deutschland. Köln 1992

Schabedoth, H.-J.: Gestalten statt Verwalten. Köln 1991

Schubert, R.: Ökonomische Diskriminierung von Frauen. Frankfurt a. M. 1993

Schulz, E./Schulz, W.: Ökomanagement. München 1994

Schwan, K./Seipel, K. G.: Personalmanagement für Mittel- und Kleinbetriebe. München 1994

Siebert, H./Klodt, H.: Qualifizierungsgutscheine: Eintrittskarten in den Arbeitsmarkt. Institut für Weltwirtschaft (Kieler Diskussionsbeiträge). Kiel 1991

Siebert, H.: Das Wagnis der Einheit. Stuttgart 1992

Stitzel, M.: Der gleitende Übergang in den Ruhestand. Frankfurt a. M. 1987

Stratmann-Mertens, E.: Zeitwohlstand mit 1.100 Jahresstunden, in: Belitz, W. (Hrsg.): Wege aus der Arbeitslosigkeit. Reinbeck 1995

Waniorek, G.: Gestaltungsformen der Teleheimarbeit. Berlin 1989

Wedde, P.: Telearbeit. Handbuch für Arbeitnehmer, Betriebsräte und Anwender. 2. Auflage. Köln 1994

Womack, J. P./Jones, D. T./Roos, D.: Die zweite Revolution in der Automobilindustrie. 7. Auflage. Frankfurt a. M./New York 1992

Stichwortverzeichnis

Zu den Autoren

Dr. Gerhard Kilz, Studium der Rechtswissenschaft an der Philipps-Universität in Marburg an der Lahn. Rechtsanwalt und selbständiger Unternehmensberater in Paderborn. Wissenschaftliche Tätigkeit und Forschung auf den Gebieten Wirtschafts-, Arbeitsrecht, Rechtsinformatik und Öffentliches Dienstrecht, Europarecht sowie Innovationsforschung. Lehrbeauftragter an mehreren Universitäten. Zahlreiche wissenschaftliche Veröffentlichungen und Bücher.

Dr. Dirk A. Reh, Diplom-Ökonom. Studium der Wirtschaftswissenschaften an der Universität-Gesamthochschule Kassel. Selbständiger Unternehmensberater in Bad Emstal. Wissenschaftliche Tätigkeit und Forschung auf den Gebieten Betriebsorganisation, Personalführung, Arbeitszeit-flexibilisierung, Umweltmanagement, Innovationsforschung und Implementierung von IuK-Techniken sowie Qualitätsmanagementsystemen. Lehrbeauftragter an mehreren Universitäten. Zahlreiche wissenschaftliche Veröffentlichungen und Bücher.

Meinulf Kolb

Personalmanagement

Die Zielgruppe

Diese Einführung in das betriebliche Personalmanagement wendet sich an Praktiker und Studierende gleichermaßen. Der Leser bekommt einen systematischen Überblick über die klassischen personalwirtschaftlichen Fragestellungen und erfährt einiges über neue Themen im Personalbereich.

Das didaktische Konzept

Das Buch schafft eine fundierte Grundlage. Es vermittelt einen vollständigen Einblick in das betriebliche Personalwesen mit seinen bewährten Themenbereichen und Methoden sowie den aktuellen Trends und Entwicklungen. Das Konzept hat sich in vielen einschlägigen Einführungsveranstaltungen an den verschiedensten Institutionen bewährt. Es eignet sich bestens zum eigenständigen Vor-, Durch- und Nacharbeiten. Die weiterführende Literatur zu jedem Teil erlaubt das selbständige Weiterarbeiten an den Stellen, für die sich der Leser besonders interessiert.

Die Stoffaufbereitung

Die personalwirtschaftlichen Kernfunktionen der Beschaffung und der Freisetzung sowie des Einsatzes und Entwicklung sind - wegen ihrer zentralen Bedeutung in der betrieblichen Praxis - ausführlicher dargestellt. Graphische Darstellungen und Übersichten ergänzen den Text, der kompakt und verständlich geschrieben wurde. Prüfungsaufgaben und Fallstudien sollen dem Studierenden eine Selbstkontrolle ermöglichen.

Der Autor:
Prof. Dr. Kolb lehrt Personalmanagement an der Hochschule für Wirtschaft in Pforzheim.

1995, 295 S., kart., 34,- DM / 248,- öS / 31,50,- SFr, ISBN 3-87061-511-7 (Reihe STUD OEC - Anwendungsbezogene BWL)

BERLIN VERLAG Arno Spitz GmbH
Pacelliallee 5 · D-14195 Berlin · Tel. 030 / 841770-0 · Fax 030 / 841770-21

Gerhard Kilz, Dirk A. Reh

Innovative Arbeitszeitsysteme nach dem neuen Arbeitszeitrecht

Ein Handbuch für die Praxis

Die Arbeitszeitregelung führt nicht selten zu innerbetrieblichen Konflikten, die einem optimalen Einsatz der Arbeitskraft im Wege stehen. Zahlreiche Unternehmen denken deshalb über neue und effektivere Arbeitszeitsysteme nach, die den Interessen aller Beteiligten besser gerecht werden.

Das neue Praxishandbuch bietet sowohl bei der Verbesserung bestehender wie bei der Einführung neuer Arbeitszeitsysteme umfassende Hilfen. Es verarbeitet dabei u.a. die Erfahrungen, die die Verfasser (ein Ökonom und ein Arbeitsrechtler) in ihrer langjährigen Beratungstätigkeit gesammelt haben.

Die Autoren beschreiben die in der Praxis vorkommenden Gestaltungsansätze und analysieren detailliert ihre jeweiligen Vor- und Nachteile.

Die neuen Arbeitszeitmodelle werden im weiteren auf ihre Verträglichkeit mit den ökonomischen und neuen rechtlichen Rahmenbedingungen untersucht. Sodann beschreiben die Autoren die einzelnen Arbeitsschritte, die eine reibungslose Umstellung ermöglichen. Als strategischer Ansatzpunkt dient ihnen dabei ein innovatives dynamisches Arbeitszeitsystem.

1996, 159 S., kart., 39,- DM / 285,- ÖS / 36,- SFr
ISBN 3-87061-581-8

BERLIN VERLAG Arno Spitz GmbH
Pacelliallee 5 · D-14195 Berlin · Tel. 030 / 841770-0 · Fax 030 / 841770-21